華人心智圖法權威 ｜ 英國博贊中心認證講師

孫易新 ｜ 沈紅亮／合著

八種思維圖 提升孩子的思考力

有效開發孩子的全腦學習與閱讀素養

目錄

基礎篇

應用篇

讓你的思維具象化

曾明騰

臺中市爽文國中理化教師・2013年Super教師全國首獎

近代最知名的心理學家暨哲學家尚・皮亞傑（Jean Piaget）曾經說過一句話：邏輯，才是人類思維的鏡子。我們如何對待學習、如何看待事件、如何應對任務，都是內在邏輯轉化的思維，而思維圖則可以試著將我們的思維具象化，讓他人也能嘗試理解我們思維裡的脈絡。

本書介紹「八種思維圖」：圓圈圖、氣泡圖、雙氣泡圖、樹狀圖、括弧圖、流程圖、複流程圖、橋形圖，透過八種思維圖的相互融合，讓我們學習如何在描寫中去聯想、在對比中去分類、在類比中去拆分、在流程中去爬梳因果關係。

我在學校現場二十餘年，致力推動心智圖的聚焦聯結與發散脈絡，從主幹到枝幹，帶學生一起在思維脈絡中去引爆一場場頭腦革命，培養跨領域鏈結思維系統的能力。

本書更在理論下帶領讀者去實作，去嘗試拆解生活與知識間的思維脈絡，協助大家用更有效率與更寬闊的眼界去看待這個有趣的世界。將你的思維具象化，可協助自己與夥伴更加理解；將你的思維脈絡化，可協助自己與夥伴更有方向；將你的思維注入彈性，你的做法將更有創意。

　　誠摯推薦，能如此精采與你的內在深刻對話的思維書，有效提升你的思考力！

小學生寫好作文的基本功

對於強調素養教育的新課綱，寫作能力是核心的技能之一，作文寫得好的小朋友，在人際溝通時的表達能力也會比較好，未來找工作寫履歷、工作時寫文案，也才會有更佳的表現。

根據大考中心國語文寫作能力測驗的閱卷評分原則，包括了知性統整判斷能力以及情意感受抒發能力二大項。那麼要如何培養孩子的問題意識，能夠針對題目清晰、深入、嚴謹並完整的描寫或論述，同時文辭又能精練優雅呢？如果花了很多心力背誦成語、名言佳句、優良範本，不能說沒有效果，只是效果有限，而且容易寫出千篇一律的文章，因此培養孩子寫作的基本功，更顯得有其重要性與必要性。

一篇好的作文，在組織結構上必須能掌握中心思想，順著場景環環相扣，首尾連貫地展開起、承、轉、合的完整結構，同時能善用各種連接詞，展現出清晰的條理；為了避免平鋪直敘，達到引人入勝，讓語彙有文采、有美感，在修辭上必須能善用誇飾、譬喻、排比的技巧，同時能進一步探索內心與外在的大千世界，讓描寫更加生動感人；為了讓文

章的內容更豐富、描寫更徹底，可以運用聯想的技巧，在不離題的前提之下，增補細節。

本書第一作者沈紅亮老師2017年在北京參加我親授的心智圖法師資培訓班之後，本著對兒童教育的使命感，辭去原本高薪的工作，全心投入心智圖法的教學，特別是應用八種思維圖提升孩子的寫作力。心智圖法包括了廣義與狹義二大類型，狹義的心智圖法所使用的工具，唯一指定英國學者博贊（Tony Buzan）所提出的心智圖（(Mind Map），廣義的心智圖法除了可以使用心智圖之外，也可依需求採用概念圖、魚骨圖、樹狀圖、九宮格或本書要介紹給大家的八種思維圖。

　　八種思維圖對於培養孩子的創造力和建立邏輯思維有著卓越的顯著效果，八種圖示告訴孩子基本的八種思維模式，每一種圖示都只對應一種思維模式，清晰易懂、不致混淆，這對年紀小、邏輯能力還在建構中的孩子特別管用。寫作文的時候，根據題目蒐集寫作素材時，可以用圓圈圖，形容描寫可以用氣泡圖，譬喻的修辭可以用橋形圖，比較分析可以用雙氣泡圖，文章結構的拆分可以用括號圖，劇情鋪陳可以用流程圖，因果關係的描寫可以用複流程圖等。

本書中許多小學生的案例，都是沈紅亮老師多年來在北京教學時，學生的作品，這些孩子因為學習了八種思維圖，不僅愛上了寫作文、能寫出更好的文章，同時也為接下來學習心智圖法奠定良好的基礎。

　　本書繁體版能夠順利在臺灣出版，要特別感謝商周出版的用心與付出，讓臺灣的小朋友得以一窺八大思維圖的神祕面紗，僅此致上十二萬分的感謝。

孫易新博士

2022年3月10日

www.MindMapping.com.tw

好玩又有趣的邏輯思維訓練

孫易新
華人心智圖法權威

我們常常會聽到有人說：「唉！你這個人講話很沒有邏輯，沒有重點呢！」

一個講話沒邏輯的人，他的思維也是雜亂無章的。這對人際溝通，甚至讀書學習時的知識理解與表達，將造成嚴重的負面影響。

什麼是「邏輯」呢？

邏輯又稱原則、論理、推理。根據維基百科的解釋，邏輯可分為三個部分，分別是歸納推理、溯因推理與演繹推理，這些在我們的心智活動當中都會使用到。

如何培養邏輯能力呢？

邏輯思維的訓練，依邏輯形式不同，而有不同的方法。日本教育學家齋藤孝在《大人的溝通全技術：發揮暖特質，從提問到說服，全面提升對話影響力》一書中指出，沒有「文脈力」，就不可能有流暢的溝通。所謂文脈力，指的是「準確掌握文脈的能力」。

文脈力不好的學生，閱讀課文時，根本看不懂文章想要表達的重點是什麼；寫作文時，文章的段落前後不連貫、首尾無呼應，缺乏完整的脈絡或一貫性，最後變成一篇不知所云的廢文。因此，齋藤孝建議採用「繪圖溝通法」來提升文脈力，這正是學生在小學階段必須鞏固的思考與學習能力。

　　英國學者博贊（Tony Buzan）所提出的心智圖（Mind Maps），以及美國學者大衛・海勒（David Hyerle）所提出的思維圖 (Thinking Maps) 都是能有效幫助學生提升文脈力的繪圖思維工具。

　　由於思維圖中的八大邏輯圖都有明確的功能以及容易學習，並可應用於學業上的特性，因此本書聚焦於指導小學生如何使用它們，以強化孩子的邏輯思維能力，並且為其日後使用心智圖奠定基礎。

作者序

變成一束光，
照亮孩子思維成長的方向

沈紅亮

英國博贊中心認證講師

不知你有沒有發現，周圍的孩子們，有的思維敏捷，善於思考；有的比較木訥，不善言辭；更多的孩子是介於兩者之間，能思考但不主動思考，能表達但不善表達或羞於表達。而童年的我，妥妥地屬於第三種，或者第二種，因為我一直覺得自己是一個思維混亂的人，並且為此而深深地自卑著。

思維圖成了我生活的一部分

2012年，我在中國科學院心理研究所讀研究生時，一位同學向大家推薦了一款叫MindManager的心智圖軟體，可以訓練大腦，幫助我們更有邏輯地思考和表達。

一聽有這樣的作用，我如獲至寶。下載軟體、安裝、研究功能、練習使用……漸漸地，這款軟體成了我工作生活的一部分，我用它梳理思路、列工作計畫、制訂活動方案、寫工作總結、列購物清單……我真切地感受到自己的變化——思路越來越清晰，表達越來越有邏輯。

我成了思維訓練研究者、傳播者

2014年，我敏銳地發現剛上小學的兒子不愛思考，表達起來也不是特別清晰，不免有些焦急。鑒於自己對思維工具重要性的感受和高度認可，以及對孩子成長的焦慮，我到處尋找可以訓練孩子思維能力的書籍。別人推薦的、市場上能買到的相關書籍統統被我搬回了家。功夫不負有心人，終於，在眾多的思維訓練書籍中，我發現了一本特別適合小學低年級孩子進行思維訓練的書籍——《八大思維圖》。

於是，我仔細閱讀，捋清楚底層邏輯，開發課程，分享給兒子和他的同學。經過不斷的完善、優化，分享的範圍越來越廣，課程也越來越成熟，越來越得到更多孩子的喜愛和家長的肯定。2018年，此課程「思有成竹——小學生視覺思維八重奏」成功註冊了國家版權。並且繼續以面授或網課的形式對外傳播，每年的寒暑假，都有大批孩子報名參加學習。

希望幫助更多的孩子思維成長

不管是面授還是網路授課，能夠幫助到的人都非常有限。因為我走過的彎路不想讓別人重走，於是起心動念，希望更多和我一樣為孩子的思維水準而焦慮的家長們都能夠學會方法，在生活中潛移默化地幫助孩子，讓孩子在不知不覺中實現思維成長。

構思這本書，花費了近半年的時間。我一直在思考如何讓父母們能夠快速、輕鬆地了解本書的核心內容，學會引導孩子思考的方法；在引導孩子的過程中遇到問題能迅速找到答案，指導孩子練習並能夠感受到孩子的成長……最終，這本書以八種思維圖為明線，串起了書中主人翁祺祺在一年中春學期、暑假、秋學期、寒假中的變化，包括學習主動性的變化、思維的成長及小夥伴對他的態度變化這三條暗線。

在幫助孩子思維成長的整個過程中，希望本書就是你最親密的夥伴，默默地站在你身邊，幫助你、指引你，和你一起享受孩子成長的喜悅。

知識的獲取很容易，你可以很快就翻閱完這本書，但是，那能改變什麼呢？有句話說得特別好：知識不是力量，行動才是。所以，行動起來，先翻閱這本書，然後按照書中的方法行動起來，讓自己變成一束光，照亮孩子思維成長的方向。

相信，未來的某一天，孩子會感謝你；而你，也會感謝此次的遇見！

2021 年 1 月 21 日於北京

如何使用本書

　　本書主要訓練孩子的綜合思考能力。通過和孩子溝通，不斷引導孩子使用思維工具，進而逐漸提升其思維能力。如果說孩子的思考是大腦中思維小人工作的過程，那麼思維工具就是思維小人工作的照片，通過這張照片，讓孩子的思維過程有跡可循。

　　本書中每一個圖示的內容，都是按照孩子感官與認知所繪製的：瞭解繪製步驟→→嘗試繪製→→評論→→運用的順序。循序漸進的，以便讓孩子一步步掌握，並且熟練運用。

　　考慮到在引導孩子的過程中，家長肯定會有很多疑問，於是就有了「家長的訣竅」，其中的內容都是家長在引導孩子時需要具備的知識，或者對可能遇到的問題的解答。

　　「親子一起動動腦」主要啟發家長多角度地設置孩子喜歡的練習題目，並且隨時隨地和孩子一起使用，讓孩子在不知不覺中就快樂的消化並運用了學習的內容。

　　家長按照書中的方法和順序，一步步跟著思維小人「按圖索驥」，引導孩子練習和使用，最終將實現融會貫通、綜合運用。

思維圖示的
前世今生

思維圖（Thinking Maps）是用來建構知識，提升思維能力和學習能力的工具。

——大衛·海勒（David Hyerle）博士

　　1981年，已經在美國密西西比州的一所學校從事教育工作多年的海勒博士，想找一種工具用來提升孩子們的思維能力和學習能力，這也正是家長們迫切想要孩子獲得的。

　　直到1988年，他終於找到了這種思維工具，就是思維圖。

　　然而很多國家都比較注重實證研究，一種工具發明出來，並不是宣傳得好就能被大家接受。因此直到1992年，當人們發現這種在學校裡應用了四年多的工具，確實能夠提升孩子們的學習效果時，才漸漸廣泛地使用起來。

思維圖的演進

思維圖不僅能使學習一般的孩子的成績得到提升,對於那些成績本來就很優秀的孩子,幫助也很明顯。同時,這種工具不是只對某一個學科有效,而是對各個學科都有幫助,這就顯得非常了不起。

當時,這件事引起了美國教育界的轟動,並且開始在學校廣泛推廣。

到了2004年,美國從幼稚園到大學,已經有四千所學校在應用此工具進行教學。這樣的推廣範圍和實踐都是非常了不起。

2000年以後,英國、澳大利亞、臺灣和香港等很多國家或地區的學校都開始推廣此工具。最近幾年,中國大陸地區對此也越來越重視,例如北京師範大學(以下簡稱北師大)的趙國慶教授帶領團隊研發思維訓練工具並在國內多所學校推廣,同時也湧現出了大批思維圖的專業講師。

八種思維圖

思維圖主要有八種形式，我們稱之為八大思維圖。以下先簡單介紹這八個圖示的功能及它們之間的內在關係，後面章節會詳細說明每種思維圖以及它們的應用法。

圓圈圖，主要用於**聯想**，就是由一個事物聯想到另一個事物。

氣泡圖，主要用於**描寫**，可以加深我們對事物的認識。

雙氣泡圖，主要用於**對比**。這是一個學習神器，對於易混淆的概念和事物，都可以應用它來分清楚。因為很多事物都怕比較，一比較就清晰，一清晰就深刻。

樹狀圖，主要用於**分類**，可以幫助我們把亂七八糟的物品分清楚，以及理清楚一團亂麻的思緒。

括弧圖，主要用於**拆分**，能夠幫助我們容易理解整體與局部的關係。

流程圖，主要表示**流程和步驟**。不管做什麼事情都有流程和步驟，比如，買東西有步驟，洗衣服有步驟，吃飯走路也有步驟。

複流程圖，表示因果關係——因為什麼導致了這種狀態，這種狀態又會產生怎樣的結果。當我們需要深刻理解一種現象的時候，可以用複

流程圖來幫助分析。

　　橋形圖，表示類比。當我們不理解某個概念時，可以用打比方的方法來幫助理解。

　　在這八種思維圖中，**圓圈圖、氣泡圖和雙氣泡圖主要用於聯想、描寫和對比**，這3個圖示幫助學生打開思路，並且著重分析1～2種事物，尋找一種事物的特徵和兩種事物間的關係。

　　樹狀圖和括弧圖適用於分類和拆分，聚焦於多種事物的靜態關係，探尋事物的整體與部分之間的關係。

　　流程圖和複流程圖關注事物的發展順序和因果的動態關係；橋形圖則用於類比。

　　以上就是八種思維圖之間的內在關係。

8個思維圖

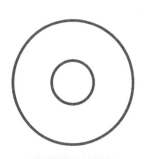

—— 圓圈圖：聯想 ——

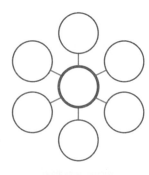

—— 氣泡圖：描寫 ——

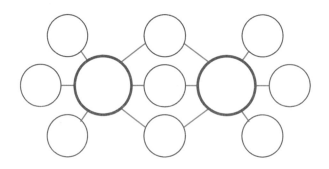

—— 雙氣泡圖：對比 ——

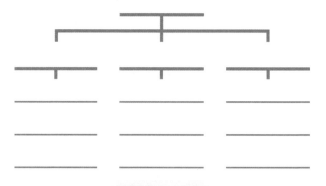

—— 樹狀圖：分類 ——

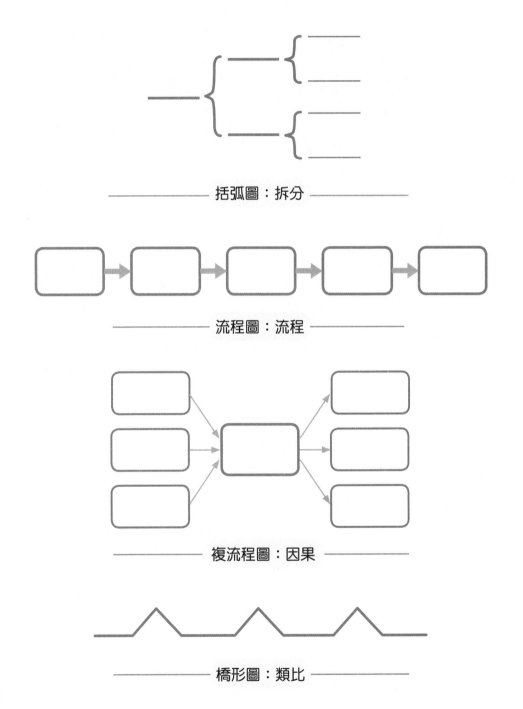

括弧圖：拆分

流程圖：流程

複流程圖：因果

橋形圖：類比

Q1：思維訓練有什麼步驟？

不管學習什麼技能，都有階段性，思維訓練也不例外。北師大思維訓練專家趙國慶老師提出：正常的思維訓練要經歷三個階段，第一個階段是隱性思維顯性化；第二個階段是顯性思維工具化；第三個階段是高效思維自動化。

第一階段的隱性思維顯性化就是讓腦海裡看不見的思考問題過程，通過一些工具能被清楚地看到，這些工具有八種思維圖、概念圖、心智圖等。在這幾種工具中，八種思維圖就是具有特定形式和用途的思維視覺化工具，它是小學生思維訓練最基礎的部分。

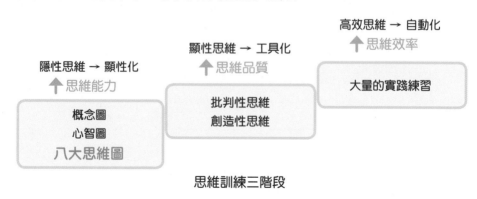

思維訓練三階段

Q2：為什麼要學習這本書？

先問大家一個問題：要將下圖中釘在木板裡的釘子拔出來，面對生活中的很多工具，你會選擇哪一種？你覺得孩子會選擇哪一種？

木板、釘子與工具圖

有著豐富生活經驗的成人，不用思考，就會下意識地拿起第二排最左邊的鉗子。

那麼孩子呢？他們會通過不斷的嘗試，浪費大量的時間和精力後，才找出合適的工具。

學習任何技能，站在巨人的肩膀上，會學得更快、更輕鬆。思維訓練也不例外，所以在孩子生活經驗積累得還不夠多的時候，我們可以用我們的經驗，協助他們去快速選擇，和他們一起去嘗試，最終盡快地找到那個最合適的工具，同時幫助他們養成思考、探索的習慣。

而這八個思維圖就可以幫助孩子學會獨立思考，學會在不同的場景下選擇不同的思考工具，進而能夠更加全面深刻地思考，遠離沒有主見、沒有想法，遠離人云亦云；同時也能明白凡事有多種解決辦法，目的不同，解決的辦法自然也不同。還有一個附帶的好處，就是孩子們在學習完之後，能將所學知識應用在學習和生活上，輕鬆地提高學習與認

知的能力。

雖然這是一本介紹思維訓練的書籍，但作者在書中使用了大量的教學技巧和方法，能夠使家長迅速地掌握教學原理，很輕鬆就能教孩子使用正確的學習方法，讓孩子學得更快、更扎實。

Q3：這本書必須按順序閱讀嗎？

書中主體內容主要分兩大部分，第一部分是基礎篇，第二部分是應用篇。

在基礎篇中介紹八種思維圖示時，按照由靜態到動態，由簡單到複雜的順序。而學習任何一種新工具時，我們都需先瞭解它的功能、屬性，然後嘗試運用，最後才是綜合運用。如果對一種新工具不瞭解時，是無法使用的，更談不上綜合運用了。

鑑於此，建議大家按順序閱讀，熟練掌握每一個圖示後，再融會貫通。

Q4：為什麼會有不一樣的思維圖？

目前，市面上被稱為「思維導圖」的工具主要有兩種：一種是美國的海勒博士提出的思維圖，也就是本書分享的內容；另一種是英國的東尼‧博贊先生提出的心智圖。

被譽為「中華心智圖法第一人」的孫易新博士在其專著《零基礎心智圖法》中提出，廣義的思維導圖法是一種以各種圖像、圖表來呈現心智程式或記錄知識的方法，它的工具包括本書介紹給大家的八種思維圖

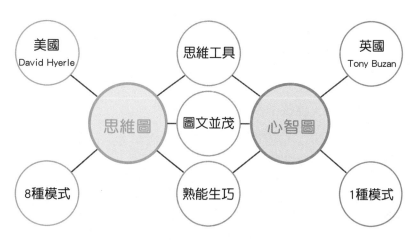

思維圖與心智圖的異同點

示，以及東尼・博贊先生的心智圖；狹義的思維導圖法則是指以東尼・博贊先生的心智圖為工具的思考或學習方法。

Q5：學習本書需要注意什麼？

啟發孩子的學習積極性

在正式對孩子進行思維訓練時，有以下兩項重要的事情需要做：

（一）讓孩子瞭解接下來你會和他一起做什麼，這些事對他的現在和將來成長有什麼好處。只有讓他瞭解了對自己的好處，並且產生了主動學習的熱情，效果才會好。假如不先引起孩子的興趣，解決主動性問題，在後期的操作過程中，孩子就可能出現各種不配合的行為，達不到預期的效果。

（二）檢測一下孩子的思維水準，主要是完成「學習前練習」（p33）。

通過測試，能幫助我們對孩子的思維水準有一個初步的瞭解，並且在接下來的日子裡見證孩子的成長，增強彼此的自信心和繼續訓練下去的動力。

工欲善其事，必先利其器

首先需要準備彩色筆，推薦一種一頭粗一頭細的水性彩色筆，細的一頭寫出來的字和中性筆差不多粗細。彩色鉛筆、蠟筆可以備用，沒有也沒關係。

教是最好的學

美國著名的學習專家愛德加·戴爾（Edgar Dale）於1946年首先發現並提出了學習金字塔（Learning Pyramid）。如下頁圖，他用數字具象地顯示了採用不同的學習方式，學習者在兩周以後還能記住的內容是多少（平均學習保持率）。

學習金字塔顯示，教別人或者馬上應用，可以掌握90%的內容，這是最有效率的學習方式。因此，每學完一個思維工具，家長都要鼓勵孩子去教別人，並且進行應用練習。

學習金字塔第一種，在塔尖的「聽」，也就是老師在上面說，學生在下面聽，兩周以後學習的內容只能留下 5%。

第二種，通過「讀」學到的內容，可以保留10%。主要是孩子在做作業過程中的學習。

第三種，用聲音、圖片的「視聽」方式學習，可以記住20%的內容。現在流行的各種多媒體影音、點讀機等，就是採用這種學習方式。

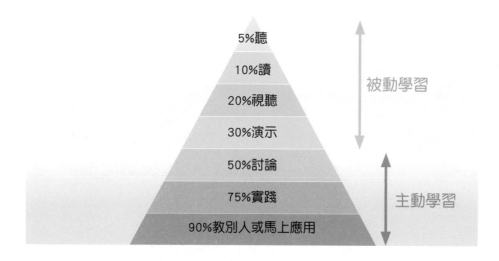

第四種，「演示」，採用這種學習方式，可以記住30%的內容。

第五種，「討論」，可以記住50%的內容。

第六種，「實踐」，可以記住75%的內容。

第七種，「教別人」或「馬上應用」，可以記住90%的內容。

針對不同年齡段、不同性格特質的孩子，家長的角色定位也不一樣

對學前班的孩子、小學中、高年級的孩子，對善於思考的孩子和不愛思考的孩子，家長講授、示範、引導的比例都各不相同，承擔的角色也不一樣。（如下頁p30上表）

思維能力是一項技能。既然是技能，就一定要用起來，只有用了才會有用，越用才會越有用。所以家長們最好有意識地、潛移默化地影響孩子們使用起來，幫助他們養成聯想、觀察、對比、思考等習慣，一定會使他們終身受益。

孩子類型	學前班	小學低年級	小學中/高年級
善於思考	拉拉隊	觀察員	夥伴
不愛思考	老師	導師	拉拉隊

人物介紹

媽媽

職業：思維訓練講師。

性格：溫和有耐心，做事情認真。為了幫助兒子祺祺，自己先認真學習各種思維工具，並且潛移默化地影響兒子。

祺祺

7.5歲。

性格：不太愛動腦筋，但是愛媽媽，比較聽媽媽的話。

碩碩

祺祺的同學。8歲。

性格：和祺祺性格脾氣相投，兩人總喜歡在一起玩。

果果

祺祺的鄰居。9歲。

性格：活潑好動、愛思考，學習積極主動，和祺祺異性相吸。

前言

　　最近，媽媽明顯地感覺到，祺祺遇到問題時，不愛動腦筋，總是逃避。比如，遇到不會寫的字，跳過；遇到不會做的題，跳過；遇到沒聽過的東西，跳過……遇到回答不出來的問題，回避；遇到不擅長的東西，回避……對很多事情都提不起興趣，總是退縮，也沒有自己的想法，不喜歡觀察……

　　看來，是祺祺的思維小人偷懶了！

　　媽媽意識到這可不是什麼好苗頭，長期下去祺祺將會變成什麼樣，媽媽真有些不敢想。於是，媽媽決定幫助祺祺改變，用八種思維圖來幫助祺祺學會思考。

　　媽媽覺得應該先解決祺祺的積極性問題，啟動他的思維小人工作，然後再教他具體的方法，並且在生活中潛移默化地影響祺祺。

　　一天，又是媽媽和祺祺的獨處時間，媽媽問祺祺：「兒子，你覺得你和碩碩還有果果，你們三個人的優點分別是什麼？」

　　「不知道。」祺祺頭也不抬，繼續擺弄著手裡的卡牌。

　　「你不願意說，是不是希望媽媽分別誇讚你們？那你豎起小耳朵，媽媽的思維小人要先做分類工作了，我要開誇啦！」媽媽調侃地說。

　　「祺祺同學，第一個優點是專一，一本書看好幾遍，一副卡牌翻來覆去地玩，就和固定的幾個好朋友一起玩，這些都體現出專一。第二個優點是專注，每當玩一個玩具的時候，不願意被打擾，會專心地玩。」

　　聽到被誇獎，祺祺開始望向媽媽並開心地笑了。

　　誇完了祺祺，媽媽繼續誇碩碩和果果。「碩碩同學，第一個優點是認真，做任何事情都會認真完成。第二個優點是心腸好，冬天打完雪仗後，他會用自己的手幫祺祺暖暖手，其他同學需要幫助時，他會主動提供幫助。果果同學，第一個優點是愛思考，每次做事情總能想出很多好點子；第二個優點是積極主動敢勇於嘗試，每次需要完成各種任務或者課內外作業時，都會自己安排計畫並主動完成，對於自己喜歡的事情會進行各種嘗試。」

　　誇讚完三個孩子後，媽媽得意地問：「怎麼樣，我說得都沒錯吧？」

　　祺祺點點頭表示同意。

　　媽媽接著問：「你們三個人，我剛才說了六個優點，你最喜歡其中的哪一個優點？」

　　意料之中的，不太愛思考的祺祺喃喃地說：「當然是愛思考。」

　　聽祺祺這麼說，媽媽心中暗喜，看來祺祺的思維小人挪動了一下。她繼續說：「果果同學那麼愛動腦子，我猜她肯定懂得思考的方法。要是我

們也能掌握那個方法就好了。」 見祺祺微微咬了咬下嘴唇，媽媽心中更有譜了，說：「媽媽知道如何讓你的思維小人努力工作，讓自己變得更聰明的方法，想不想知道？」

祺祺使勁地點點頭。

「好的，那以後我們一起努力，媽媽把方法慢慢地都告訴你。」

學習前練習
看看你的思維小人是如何工作的

看到太陽能想到什麼？

請描寫一個寵物或玩具

請比較2個相像的事物

為家裡的垃圾分類

你最喜歡的玩具

可以拆分成幾個部分？

洗手可以分為幾步驟？

你覺得自己喜歡玩手機的原因是什麼？可能有哪些結果？

嘗試舉一個例子說明

基礎篇

第一部
聯想、描寫和對比

解決孩子大腦卡住的問題 圓圈圖

人類失去聯想，世界將會怎樣？！

——牛頓

很多孩子遇到問題時，一點想法都沒有。

你問他的想法，他結巴或語無倫次；你問他的決定，他搖頭；你再問，他便低下頭不吭聲。碰到這樣的孩子，很多父母往往只能生氣、乾著急。

怎麼辦？這成了當下為人父母最迫切想解決的問題。

什麼是圓圈圖

圓圈圖是一個訓練聯想能力的工具，也是八種思維圖中最簡單、最方便訓練、也最接近孩子思維發展階段的工具。

　　圓圈圖屬於訓練發散思維的工具，任何一個主題都可以進行聯想。所以，當你沒有想法的時候，或者做一件事情無從下手的時候，就嘗試使用一下圓圈圖吧。

　　圓圈圖可以幫助孩子做很多事情，比如產生有創意的想法，拓展思考問題的角度，回憶學過的知識，定義概念等。再具體一點，就是可以通過頭腦風暴幫助孩子產生有創意的想法，幫助孩子積累寫作素材，幫助孩子將學過的知識由點串成線……

　　它不僅可以幫助孩子拓寬思路，讓孩子的思維更加活躍，而且還可以讓孩子對問題的思考更加全面。就好像給孩子腦中的思維小人定了幾個奔跑的方向，有了方向，他的思維小人就會跑得更遠一些，探索更多的內容。

場景1

四月初的週末，祺祺的好朋友碩碩和果果都來家裡玩。

媽媽湊上前說：「我和大家一起玩一個遊戲。」

一聽大人可以跟著一起玩，孩子們顯得很高興。腦子轉得快的果果連忙問：「阿姨，玩什麼呢？」

「當然是玩一個好玩的遊戲啦！」媽媽故弄玄虛：「我問問題，然後你們回答，看看誰回答得又快又對。記住，給你們的思維小人多定幾個方向。」

祺祺和碩碩的表情沒有太大變化，但是果果顯得很興奮。

「那麼我開始問啦。現在是什麼季節？」

「春天啊！」孩子們充滿疑惑，異口同聲地回答。他們不明白媽媽為

繪製：楊欣欣

什麼問這個所有人都知道的問題。

「根據春天，你們能想到什麼？」媽媽沒理會孩子們的疑惑，繼續問。

「綠色小草、放風箏、春雨、春意綿綿、暖和。」孩子們七嘴八舌地說。

媽媽邊聽邊掰著手指頭數著：「一個、兩個、三個、四個、五個。」等孩子們停下後，她又說：「繼續，讓思維小人再跑遠一點，再跑幾個方向。」

「三月四月五月、逛公園、吃燒烤、脫掉厚衣服、換上薄衣服、小草發芽、離離原上草、遠看山有色、春曉、春雨貴如油、春夜喜雨、清明、掃墓。」

「不錯不錯，去掉相同的，你們的思維小人想了十五個，非常棒。」媽媽誇讚他們。雖然裡面絕大部分是果果想到的，但是媽媽有意忽略了每個人想出了多少，而突出了共同想出的數量。

場景2

當溫暖的春風趕走寒冷的西北風後，孩子們脫掉厚厚的外套，開始喜歡在室外玩耍。

四月底的一個週末，媽媽和七歲的祺祺約好，一起去附近的濕地公園踏青。

提到濕地公園，我們會聯想到什麼呢？前一天晚上，媽媽和祺祺一起開始了聯想。媽媽拿起筆，在一張白紙的中間，畫了一個小圓，並且在圓圈裡寫上「濕地公園」，然後又在圓圈外面畫了一個大大的圓，問祺祺：「根據濕地公園這幾個字，你能想到什麼？」

祺祺想了想說：「沙灘、小河、景點情人碼頭。」

「這些都是看到的，再想想還有什麼？」

「我想不到其他的了！」

「只要眼睛能看到的、能感覺到的，都算！」

思維小人在「看到的」這個方向上往左往右地跑了跑。

「路燈、和朋友們一起玩、綠色植物、垃圾桶、自行車、小橋……」可能因為對公園太熟悉的緣故，祺祺連細節都沒遺漏，媽媽一邊將祺祺想到的內容寫在大圓裡一邊暗自竊喜。

由於祺祺想到的都是公園裡有的、能被看到的物品，於是媽媽繼續引導他：「你剛才說的都是眼睛可以看到的，還有沒有一些能被耳朵聽到的、能用鼻子聞到的，或者用舌頭嘗到的、用手腳或身體觸碰到的呢？也就是說，調動你的思維小人，讓它往耳朵聽到的『鼻子聞到的、舌頭嘗到的、用手腳或身體觸碰到的』等不同方向跑一跑，探索一下。」媽媽邊說邊將手指向對應的五官。

雖然祺祺不太愛思考，但在媽媽的強烈暗示下，他還是意識到需要調用自己的五官。於是，他逐一的將五官指一遍。這時，媽媽感受到祺祺的思維小人在積極工作了。果然，祺祺陸續想出了幾個短語：「樹林被風刮的嘩嘩聲、霜淇淋的甜味、堅硬的石頭鋪成的小路。」

看著祺祺再也想不出來的尷尬樣，媽媽擔心會打擊他的積極性，安慰說：「你的思維小人今天工作很積極，已經想出了聽覺的、味覺的，還有觸覺的，非常棒啦！我也不知道濕地公園用鼻子能聞出什麼味道來，就是想考考你，哈哈哈！」

看著媽媽的捉弄笑容，祺祺也跟著咯咯笑起來。

媽媽問：「每次提到濕地公園，你心情如何呢？」

「當然是開心啦！」

媽媽把祺祺想到的詞都寫在圓圈圖裡，又開始了她的提問：「根據濕地公園，你能想到哪些公園裡沒有的東西？」

祺祺歪著頭，邊轉動著大眼睛邊摸著後腦勺思考，然後斷斷續續地

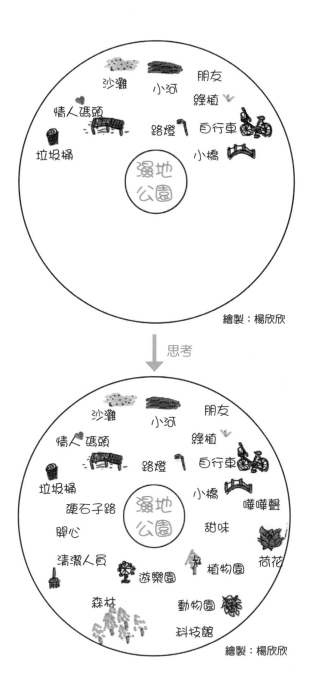

繪製：楊欣欣

思考

繪製：楊欣欣

說：「清潔工人、荷花。」祺祺的思維小人開始自己找方向了。

媽媽繼續鼓勵他說：「不錯，這些都是你看到的東西，已經想了十五個，真的非常棒。」由於清潔工是之前他們在濕地公園裡上廁所時碰到的人，每年七八月公園裡的池塘裡滿是荷花，根據這樣的分析，很顯然，祺祺沒有理解公園裡沒有的東西指的是什麼。

於是媽媽換了一種問法：「和濕地公園比較像的地方有哪些？」

聽媽媽這麼一問，祺祺條件反射地說：「動物園、植物園、遊樂場、科技館。」這些都是他常去的地方。

「為什麼會想到這些地方？」媽媽問。

「因為這些地方都是讓人去玩的地方，都有很多人。」祺祺很快就回答了出來。

媽媽暗喜：祺祺的思維小人不但自己找方向，還歸納出不同事物之間的規律了。

「不錯，這幾個地方確實都和濕地公園比較像。」媽媽邊鼓勵他，邊繼續問：「你剛才說了那麼多公園裡的物品，那你知道它們都來自什麼地方嗎？」

「小橋的木頭來自森林，垃圾和路燈來自工廠，其他的不知道。」

「非常好，剛才說的都是和濕地公園相關的。那麼有沒有哪些是和濕地公園裡的東西相反的呢？」媽媽繼續問。

祺祺搖搖頭表示想不出來。

媽媽說：「沒關係，你能想出這麼多東西來，已經非常棒啦。你的思維小人跑了很多地方哦！你看，這麼多，圓圈裡快寫不下啦，而且有很多的角度。」然後媽媽突然又問：「你看它像什麼？」

「甜甜圈。」祺祺脫口說出了他愛吃的甜甜圈。

「嗯，是非常像甜甜圈。」媽媽肯定地說：「這個可以做它的小名，它的大名叫圓圈圖。」

祺祺本以為媽媽還要說什麼，沒想到媽媽卻伸了伸懶腰，說：「我們現在睡覺，明天早點出門。

········· 場景3 ·········

第二天一大早，媽媽駕車載著祺祺，迎著朝陽，愉快地向濕地公園前進。

到了公園，媽媽拿出一張空白圓圈圖，神祕地對祺祺說：「今天我們仍然以濕地公園為主題來進行聯想，不過，聯想的內容要和之前的不一樣。」

祺祺疑惑地望著媽媽沒有說話。

媽媽啟發地說：「根據濕地公園，能想到的時間有什麼？比如，我們一般什麼季節、什麼時間來逛濕地公園？濕地公園開始建的時間、建好的時間，這些都是可以根據濕地公園想到的時間。」

祺祺想了想說：「我們一般都是週末上午來。」

「大多是什麼季節來？哪個季節來得多、哪個季節來得少呢？」

「我們每個季節都會來啊，春天和夏天來的次數多，冬天最少來。」

「非常好，剛才就是根據濕地公園想到的時間。那麼你知道與濕地公園相關的地點嗎？比如濕地公園位於什麼地方？」

「順義啊，具體位置就不知道了。」

「沒關係，在我們做練習的時候，當出現不知道的情況時，也可以在網路上搜索資料。那麼接下來，你知道哪些人常來這個公園嗎？」

「媽媽和孩子，很多都是全家一起來的，還有住在公園周圍的居民……」祺祺正在思考的時候，看到了巡邏的警衛。於是又繼續說：

「還有在這兒上班的警衛和清潔人員。」

「那你覺得為什麼要建這個公園呢？」

「大家都喜歡啊！」

「為什麼喜歡？」媽媽追問。

「因為可以玩啊、散步，春天可以放風箏，冬天還可以滑冰。」

……

接下來，媽媽又問了祺祺濕地公園是什麼，濕地公園可以做什麼，濕地公園的門票是多少錢等問題。最終，祺祺畫出了一幅完整的圓圈圖。

在媽媽一連串問題的追擊下，祺祺的思維小人越跑越遠，到過的地方越來越多，調取的資訊也越來越豐富。當看到這幅完整的圓圈圖時，祺祺自己都驚訝了，他竟然能想出這麼多關於濕地公園的內容。

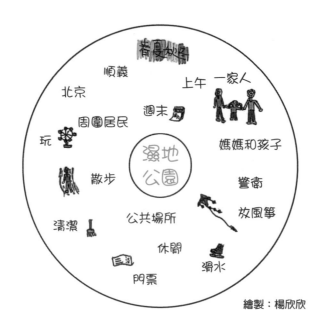

繪製：楊欣欣

家長的訣竅

引導孩子聯想三方法

聯想是孩子腦中思維小人的一項很重要的工作。要想引導思維小人好好工作，就需要方法了，也就是發散思維的方法。這些方法可以幫助孩子遇到問題時大腦不再卡關，徹底擺脫沒有想法的苦惱。

思維訓練專家、思商教育創辦人沈紅亮老師建議可運用以下三種方法：

第一個方法是應用我們的感官，也就是眼、耳、鼻、舌、身，再加上我們的感受來進行。

第二個方法是應用5W3H來進行。

第三個方法是應用相關、相近、相反幾個角度來進行。

下面我們以大家最熟悉的蘋果為例逐一介紹。

第一種方法：用「眼耳鼻舌身+感受」來聯想

蘋果，用眼睛看，它的顏色有紅、綠、黃，形狀是圓的，直徑是5～10公分不等。鼻子聞起來，有的清香、有的青澀。舌頭嚐起來，有些鬆鬆的，有些脆脆的，有些甜甜的，還有些是酸的。當我們用手摸時，感覺是光滑的、硬的；要是冬天拿起放在戶外的蘋果，還會有涼涼的感覺。

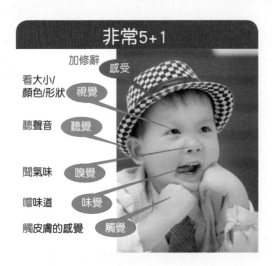

因為我特別喜歡吃蘋果，所以每次看到蘋果，我的內心就充滿喜悅。這個喜悅就是我看到蘋果的感受。

第二種方法：用5W3H來進行聯想

5W指的是時間（when）、地點（where）、為什麼（why）、誰（who）、是什麼（what）。

3H指的是如何做（how to do）、數量（how many）、多少錢（how much）。

我們仍以蘋果為例子。

時間：春天、秋天、早上。

地點：果園、村莊、果菜市場、水果店、超市、路邊、餐桌旁、樹上。

為什麼：營養豐富，有助健康，生津止渴。清熱除煩，健胃消食。

時間（when）	地點（where）	為什麼（why）
誰（who）	**5W3H**	什麼（what）
如何做（how to do）	數量（how many）	多少錢（how much）

誰：果農、小販、媽媽。

是什麼：薔薇科，富含大量的維生素和礦物質，會腐爛，是常見的、人們喜愛的水果。

可做什麼：蘋果醬、蘋果派、蘋果汁、蘋果酒、蘋果沙拉、蘋果醋。

數量：四～六個，或者成千上萬個。

多少錢：一個五十元。

第三種方法：從相關、相近、相反幾個角度來進行聯想

相關的：可以根據蘋果從種植到上餐桌的整個過程去聯想；可以從它的歷史和未來發展去聯想，如1871年、美國、山東煙台；可以從和它相關的歷史名人、同名的其他產品等去聯想，比如牛頓、蘋果手機、蘋果電腦等；可以從相關的寓言、童話故事去聯想，如夏娃、白雪公主的毒蘋果等。

（在聯想相關內容時，會和5W3H中的內容有所重複，只要不重複寫出即可。）

和蘋果形狀相近的可以想到水梨、圓球、大青棗等；味道相近的聯想到……營養成分相近的聯想到……這其實可以和「非常5+1」結合起來。

那麼相反呢，和甜蘋果味道相反的，可聯想到苦瓜；和蘋果觸覺相反的，可聯想到棉花、棉花糖等軟軟的東西……這也同樣可以和「非常5+1」結合起來。

看到這裡，細心的你可能發現，作者沒有寫聽覺，因為用耳朵沒有辦法聽到蘋果。假如我們以貓咪為主題，聽到的就是喵喵聲。

以上講的就是觸發我們進行聯想的點，對於不同的主題和物件，使用的觸發點會有所不同。這些觸發點就是思維小人的方向和舞臺，無論它站在哪個點上都能快速做出選擇，捕捉到更豐富的資訊。對於一些無法進行觸發的點，不必強求。

上述我們是以蘋果為例子進行說明，在生活中，我們可以有意識地挑選周邊的某樣東西、某種感受，讓孩子和我們或爺爺奶奶、兄弟姐妹及同學一起來玩發散思維，訓練聯想能力和想像力。

經過一段時間的訓練，你一定會詫異自己的孩子變成了一個思維活躍的人；不知不覺中他積累了大量的詞彙，寫起作文來也能夠思如泉湧啦。

情景導入

　　晚上，媽媽問祺祺：「今天開心嗎？」

　　「當然開心啦！」祺祺毫不猶豫地回答。

　　「那麼，你對濕地公園裡留下最深刻印象的是什麼？」

　　「沙地。」一向喜歡玩沙子的祺祺又是不假思索地回答。

　　「好的。」媽媽拿過來一張白紙說：「那麼現在，咱們以沙子為主題來畫一幅圓圈圖吧。」

　　媽媽拿起一隻筆，在紙上畫了兩個圓，一邊畫一邊說：「裡面一個小圓，外面一個大圓；小圓裡面寫主題，兩圓之間寫聯想。」

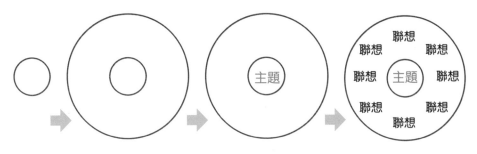

圓圈圖繪製步驟

然後媽媽將紙遞給祺祺說：「你把根據沙子聯想的內容寫在兩圓之間。」

當祺祺寫好後，媽媽遞過來一個表格說，「你來自我檢測一下吧。」

祺祺看了一下表格問：「什麼叫角度？」

媽媽想了想後回答：「角度就是你的思維小人站在哪個點上看待事物和問題。角度分為同角度和不同角度，同角度就是它們有共同的父親，不

自我評量表		
序號	內容	答案
1	寫出的關鍵詞數量是多少	
2	關鍵字涵蓋了幾個角度	
3	圖示上的關鍵字、圖形是否分布均勻	
4	圖示繪製是否整潔、美觀	

注：書中提到的「自我檢測表」均參考北京師範大學趙國慶老師提出的理論，僅供學習參考。

同角度就是它們沒有共同的父親。」看祺祺還是很疑惑的樣子，媽媽繼續說：「舉例來說，你畫的這個以沙子為主題的圓圈圖中，濕地公園、海邊、遊樂園都是可以玩沙子的地方，它們有一個共同的父親，叫作『地點』，所以可以說是同一角度；裡面的開心是你玩沙子的心情，而整個圖裡面沒有其他表示心情的詞，所以在這裡，開心就是獨立的一個角度。這樣說清楚了嗎？」

媽媽看祺祺點了點頭，才放下心來。

家長的訣竅

圓圈圖的評量標準

內容	數量	關鍵詞數量多 一年級要求6個以上 二年級要求8個以上 三年級要求10個以上
	品質	關鍵詞涵蓋多個不同角度，全面 關鍵詞精練、簡短、概括，與中心詞直接相關
形式		圖示繪製正確、美觀 、適當修飾 均勻分布、不編號、不畫線、不成排

注：書中提到的「評量標準」，均參考北京師範大學趙國慶老師提出的相關理論，僅供學習參考。

　　隔了幾天，媽媽拿出幾張圓圈圖，對祺祺說：「我們一起來對幾張圓圈圖指手畫腳吧。」

　　媽媽問祺祺：「看看，這個圓圈圖好不好？」

　　祺祺瞄了一眼說：「很好啊，字跡很好看，還平均地分布在圓圈裡。」

　　媽媽肯定地說：「對，一幅好的圓圈圖必須做到字跡工整，均勻分布。」媽媽接著說：「你數一數這張圖上的詞，看看這個小朋友一共想到了多少個。」

　　「1、2、3……」祺祺邊數邊念：「9 個。」

　　「感覺怎麼樣呀？能想到9個是很不錯喔。這個和年齡有關係，年紀越大就需要想得越多。這是評量圓圈圖的數量標準。」

　　「祺祺，你仔細看一下，這張圖的中心詞是太陽，那周圍的詞都是和太陽相關的嗎？」

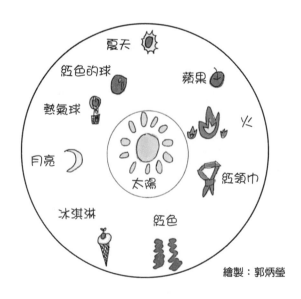

繪製：郭炳瑩

「沒錯啊，媽媽，都相關。」

「那你思考一下，這9個詞，它們之中有哪些是有共同父親的？」

祺祺盯著圖看了好久說：「不知道。」

媽媽引導他說：「月亮和很大的太陽，是不是有一個共同的父親叫星球？」

看到祺祺點頭後，媽媽繼續說：「一幅圓圈圖好或不好，還有一個非常重要的標準，就是聯想到的內容是不是都和中心詞直接相關，是不是有不同的角度。」

媽媽繼續說：「我們來總結一下，評量一幅圓圈圖有幾個標準，從內容上來看，要與中心主題相關，要多角度，數量也根據年齡大小有不同要求；從形式上來看，要求均勻分布，沒有錯誤的塗鴉。看看下面這兩幅圖，有什麼差別？右邊這幅圖聯想的數量，是不是比左邊這幅多很多？記得嗎，不同的詞之間有一個共同的父親就叫一個角度。你看看，它們的角度有什麼差別？」

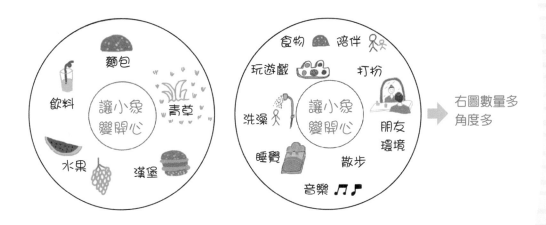

右圖數量多
角度多

「對於是否均勻分布，你看看下面這兩幅圖，有什麼差別？」
祺祺很快就找出了差別。

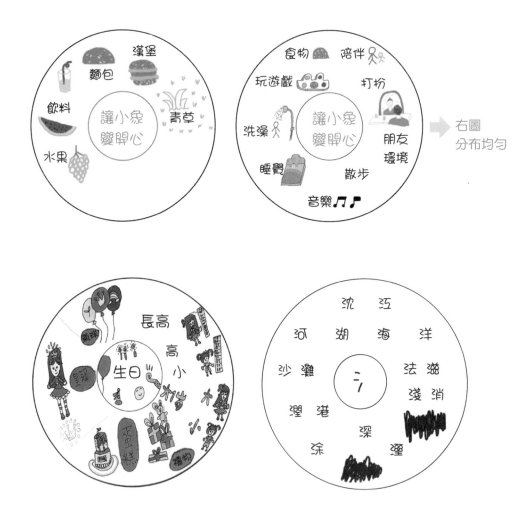

「在形式上，上面兩幅圖有什麼問題呢？」
祺祺很快就發現了錯誤塗鴉（畫線）和不美觀的問題。

隔了幾天，媽媽對祺祺說：「你知道嗎，圓圈圖還有一個神奇的功用，就是幫助我們回憶學過的知識。」

祺祺望著媽媽，等著媽媽繼續說下去。

媽媽拿出一個空白圓圈圖說：「在一年級剛開學的時候，你就學了『口』字，現在以『口』為部首，複習一下曾經學過的字。」

很快，祺祺就從書上和其他地方找到了很多有口的字。

媽媽一看，問：「語文的語字是口部嗎？你看看裡面有哪些字不是口部，需要刪掉的。」

祺祺刪掉了「說、日、巴」等字，剩下的都沒有錯。

看祺祺掌握得不錯，媽媽又加大了難度，說：「思考一下，下面這張圓圈圖，訓練的是哪一方面的能力？」

祺祺看了這張圓圈圖很久，覺得都滿好的，沒有發現任何問題。於是媽媽提醒說：「它的中心主題是什麼？」

「以口字為部首。」祺祺看著圖上的文字念出來。

「那周圍寫的內容，都是以口為部首的字嗎？」

聽媽媽這麼一說，祺祺才恍然大悟。原來圖上寫的是根據口字來進

聯想和想像的區別

聯想：由一個事物想到另一個事物，想出的事物是客觀存在的，就是和聯想物相關的。

想像：想出來的事物是不存在的，是幻想出來的。

比如，根據蘋果，想到蘋果樹、果農、蘋果手機、牛頓等，這些都屬於聯想。而從蘋果想到蘋果魔王、蘋果汽車等不存在的東西，就是想像。

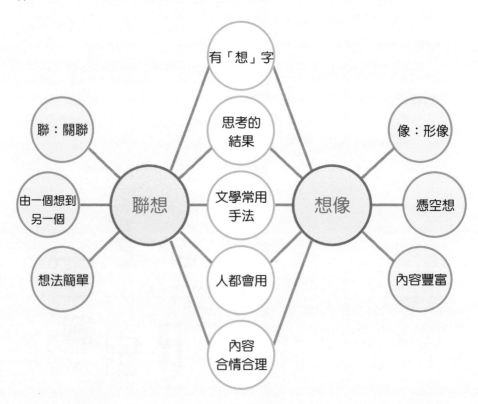

行聯想的。這下，祺祺的思維小人想偷懶也沒辦法了，因為，一看到這個「甜甜圈」就不自覺地聯想了。

訓練聯想能力的遊戲

詞語接龍、成語接龍、故事接龍、兒歌接龍

這些遊戲相信大家都不陌生，在我們還沒有上學的時候就經常玩，是絕大部分人都特別愛玩的遊戲。在小學課本中，更有關於故事接龍的練習。接龍遊戲能夠訓練推理能力，增加思維的深度，並且屬於老少皆宜、隨時隨地都可以玩起來的遊戲。

例如，兒歌接龍遊戲參考步驟：

爸爸：一隻青蛙一張嘴。

孩子：兩隻眼睛四條腿。

媽媽：撲通一聲跳下水。

爸爸：二隻青蛙二張嘴。

孩子：四隻眼睛八條腿。

媽媽：撲通二聲跳下水。

故事骰子

故事骰子是一款規則簡單有趣，能夠培養想像能力、故事表達能力，在歐美國家是長期暢銷的遊戲。骰子上的圖案由愛爾蘭創造力培訓師Rory設計，每個骰子六面都有一個圖，根據骰子上面各個不同圖案，我們能講出許多精彩的故事。

本章小結

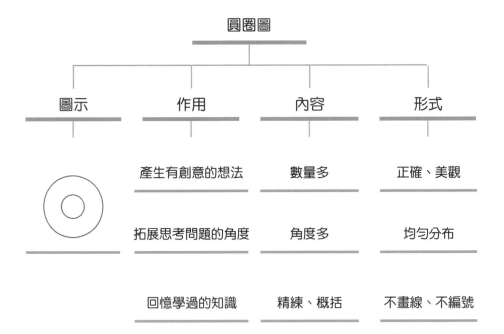

圓圈圖

圖示　　作用　　內容　　形式

產生有創意的想法　　數量多　　正確、美觀

拓展思考問題的角度　　角度多　　均勻分布

回憶學過的知識　　精練、概括　　不畫線、不編號

知識點回顧

1.將聯想的3個方法填寫在下面的圖中

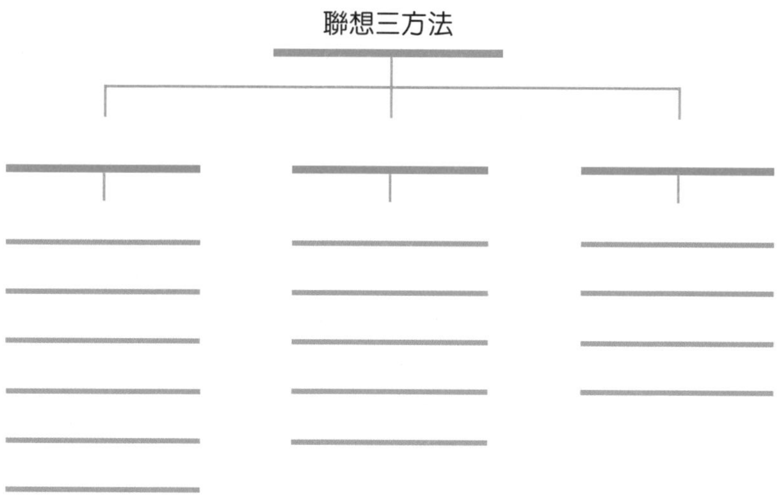

聯想三方法

2.請說出圓圈圖的繪製口訣

中間一個＿＿＿＿，外面一個＿＿＿＿；

小圓裡面寫＿＿＿＿，兩圓之間寫＿＿＿＿。

3.將圓圈圖的評量標準填寫在下面的圖中

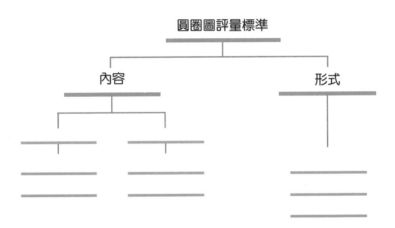

圓圈圖評量標準

内容　　　　　　　　　　形式

4.按照圓圈圖的評量標準，用自己的話，評論一下這幾張圖。

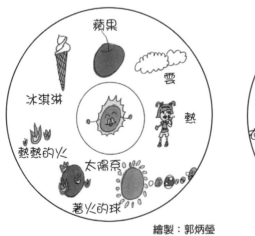

繪製：郭炳瑩

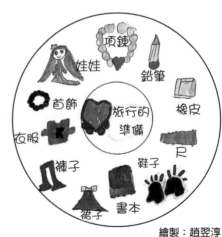

繪製：趙翌淳

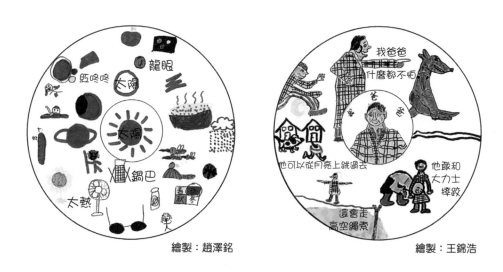

繪製：趙澤銘　　　　　　　　　　　　　　繪製：王錦浩

5.不知是哪位同學在畫圖時，粗心地忘記填寫圓圈圖中的主題，你幫他填寫一下吧。

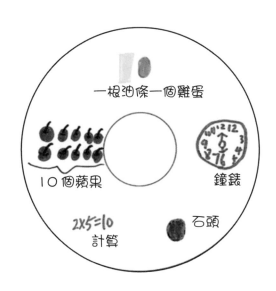

一根油條一個雞蛋

10個蘋果

鐘錶

2X5=10
計算

石頭

基礎應用

　　每年春季，爸爸媽媽就會帶你外出踏青。那麼今年，你最想去哪些地方呢？用圓圈圖暢想一下吧。

　　找一個你喜歡的字、詞或成語，看看能回憶出哪些相關內容。

任務挑戰

　　隨著科技的發展，手機已經從二十世紀九〇年代的1G，發展到現在的5G。那麼十年後，手機會是什麼樣子呢？用圓圈圖聯想一下吧。

　　預習一篇課文，用圓圈圖寫出作者在寫此文時聯想到的內容。

氣泡圖
更細緻地認識事物

觀察對於兒童之必不可少，正如陽光、空氣、水分對於植物之必不可少一樣。在這裡，觀察是智慧的最重要的能源。

——（蘇）霍姆林斯基

很多孩子對見過的事物或經歷過的事情，往往無法清晰地表述出來，或者描述出來的事情和實際情況相差甚遠，而孩子本身並沒有撒謊。

為什麼會這樣呢？這是因為孩子缺少觀察的意識，沒有留意周圍發生的一切。

什麼是氣泡圖

氣泡圖的應用十分廣泛，它是幫助我們認識事物的有效工具。通過

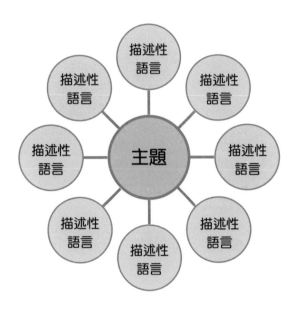

描述事物，我們對事物的瞭解越來越深刻，從而為解決有關這一事物的實際問題做好準備。

　　觀察能力強的孩子，往往能準確、生動地描述出一個事物、一件事情，這對他的表達能力、寫作能力、綜合學習能力都非常有助益。

情景導入

　　一天，在奶奶家，媽媽抱起奶奶最愛的寵物大貓咪，和祺祺坐在沙發上聊天。

　　媽媽說：「我們來玩一個遊戲吧，就是想出描寫大貓咪的詞語，並且輪流說出來。」媽媽停頓了一下又繼續說：「有兩個要求，一是必須是描

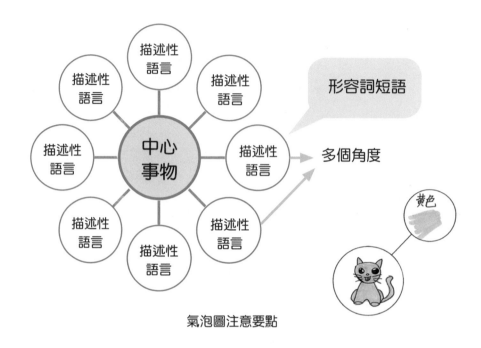

氣泡圖注意要點

述性的詞語；二是同一個角度不能超過兩次。」說著，媽媽把大貓咪遞給祺祺，拿出了一張白紙和彩色筆。

「什麼是描述性的詞語？」祺祺問。

「描述性的詞語一般為形容詞或形容詞短語，就是用來形容事物的，比如說可愛的貓，『可愛的』就是形容詞。」媽媽解釋說。

祺祺點頭表示聽懂了，並且說出了貓的顏色：「黃色。」

媽媽用彩色筆在白紙中間畫了一個圓，在圓中間畫上一隻可愛的小貓，然後從圓周向外出發畫了一條條的直線，之後又在每條直線的另一端畫了另一個圓。

「9斤重、喵喵叫、喜歡吃魚、愛乾淨、黏人、腳步輕、用貓砂。」媽媽和祺祺輪流說著，很快就把四周的圓圈都寫滿了。

媽媽問祺祺：「還記得剛才說的兩個標準嗎？」

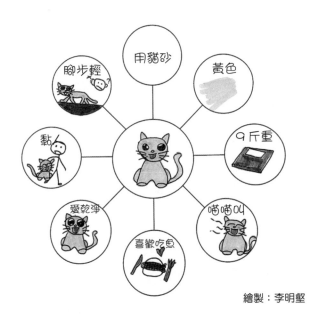

繪製：李明壑

「使用描述性的詞語；同一個角度不能超過兩次。」記憶力不錯的祺祺很快就回答出來。

「那麼我們現在看一看，這些詞語是不是都是描述性的？你讀一讀，看看是不是後面都可以加『的』？」

「黃色的、9斤重的、喵喵叫的、喜歡吃魚的、愛乾淨的、黏人的、腳步輕的、用貓砂的。」

「所有的詞後面都可以加『的』，說明都是描述性的詞語，是符合我們第一個要求的。現在，我們再來看看這些詞是幾個角度，還記得我們曾經說過什麼是同一角度嗎？」

「當然啦，同一個角度就是有共同的父親，比如鉛筆和鋼筆，有一個共同的父親叫筆。黃色是大貓咪的顏色，9斤重是大貓咪的重量，它們就不是同一個角度。因為一個是顏色，一個是重量。」祺祺自信地說：「喵

步驟1

步驟2

步驟3

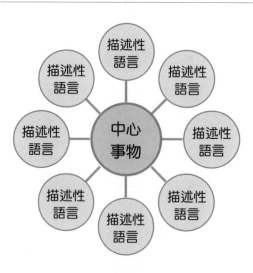

氣泡圖繪製步驟

喵叫是聲音，喜歡吃魚是愛好，愛乾淨、黏人是性格，腳步輕是特點。用貓砂屬於什麼呢？」

「用貓砂屬於生活環境。透過剛才的分析，我們也做到了多角度。我覺得我們很棒呢！」媽媽開心地表揚祺祺。

「媽媽，我的思維小人找的角度越多，我是不是就越瞭解這個東西或事情？」祺祺像是發現了新大陸，眼睛亮晶晶地看著媽媽。

看到祺祺眼裡的小星星，媽媽知道祺祺的思維小人沒有偷懶，開始思考了。媽媽接著問：「那麼現在，你還記得剛才我畫氣泡圖的步驟嗎？」

見祺祺有些支支吾吾，媽媽說：「告訴你一個畫氣泡圖的祕訣，聽好喔，中間一個小圓寫主題，周圍一圈小圓寫描述；中間小圓和周圍小圓——用線條相連。」

如何讓孩子擁有觀察的能力

在孩子的一切實踐活動中，觀察是獲取知識的最重要管道。蘇聯教育家贊科夫研究發現：學習差的孩子有一個共同的特徵——觀察能力弱。因為學習一般以直接經驗為主要基礎，而直接經驗的主要來源就是觀察。

那麼，在日常生活中，如何提升孩子的觀察能力呢？我們可以使用前面介紹的「非常5+1」——眼睛看到的、耳朵聽到的、鼻子聞到的、舌頭嚐到的、身體觸碰到的和內心感受到的。

在和孩子的對話中，我們需要有意識地訓練孩子，幫助他們養成調用這些器官的習慣。當孩子養成習慣後，他們的寫作能力、表達能力等都會相應提高。

氣泡圖的評量標準

內容	數量	8個以上
	品質	＊描寫的特徵為多方面的 ＊是形容詞、形容詞短語，精練、準確
形式	＊圖示繪製正確、美觀 ＊文字大小適當、工整	

・・・・・・・・・・・・・・・・・・・・・・・ 指手畫腳 ・・・・・・・・・・・・・・・・・・・・・・・

「又到了我們指手畫腳的時間啦！」媽媽拿出幾張氣泡圖，問：「你覺得這張氣泡圖畫得怎麼樣？」

祺祺思考了一下說：「很不錯，寫的都是形容詞或形容詞短語，並且做到了多角度。」

「說的更具體些。」

「這些詞後面都可以加『的』，說明都是形容詞或形容詞短語。這裡的長頭髮、高個子，是媽媽的外貌；美麗、溫柔、勤奮、知識淵博，是媽媽的特質；能歌善舞，是媽媽的特長；愛唱歌是屬於興趣。」

「分析得很好。你再用你敏銳的大眼睛，找看看有沒有問題？」

祺祺帶著疑問將剛才說過的話又再唸了一遍，邊念邊轉著眼珠思考，突然他眼睛一亮，興奮地說：「我知道啦，能歌善舞和愛唱歌有重複的地方，需要去掉一個。」

「去掉哪個呢？」

「去掉愛唱歌。」

「為什麼？」

「因為它們有重複的地方。」

「 再想想。」

「嗯……」祺祺有些語塞。

「能歌善舞是媽媽的什麼？是不是特長？」見祺祺點頭，媽媽繼續說：「愛唱歌是媽媽的什麼呢？」

「是興趣。」

「那，一個是特長，一個是興趣，為什麼一定要去掉呢？你掉到媽媽

繪製：李明墾

73

挖的坑裡啦。」媽媽得意地狡點笑起來。

祺祺也跟著傻笑起來。

停止笑後，媽媽說：「我們繼續，你看看下面這幾張圖表，有什麼問題嗎？」說完遞給祺祺一張評量表。

有了評量表的助力，祺祺很快就發現了問題：「第一張數量明顯不夠，最起碼需要增加到八個以上；品質方面，冬天下雪、可以堆雪人、吃熱的東西、可以吃蛋糕……」

祺祺的話還沒說完，媽媽就問：「只有冬天才可以吃蛋糕嗎？其他季節不行嗎？」

祺祺想到好朋友果果的生日在六月，說：「所有時間都可以吃蛋糕。」

「是啊，所以吃蛋糕不是冬天特有的，不能描寫冬天，放在這兒符合要求嗎？」

聽媽媽這麼一說，祺祺搖了搖頭，說：「所以品質上，他雖然做到了多角度，但裡面有錯的內容，需要去掉，然後再增加一些描寫冬天的內容；形式上，這張氣泡圖的內容是用圖表示，畫得很形象，所以還不錯。」

對於祺祺有板有眼的評論，媽媽顯得很滿意。

「在第二張圖中，寫錯後塗掉的地方，密密的線條讓人想皺眉頭，所

評量項目		優點	改善點	得分
內容	數量（20 分）			
	品質（60 分）			
形式（20 分）				
總分（100 分）				

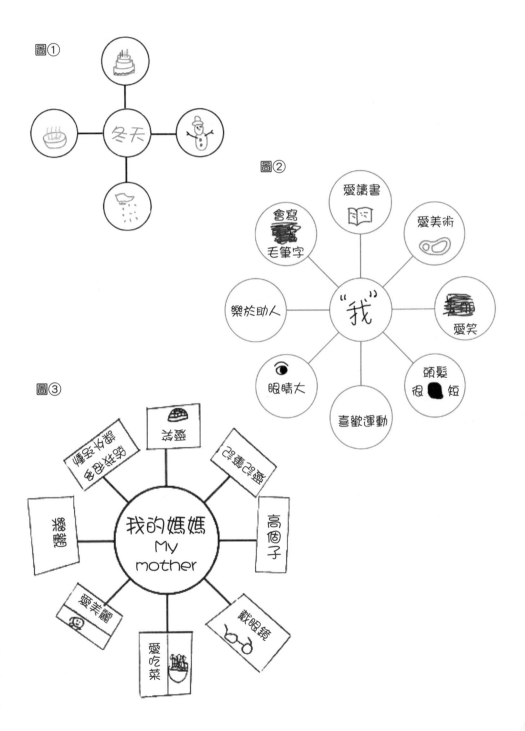

圖①

圖②

圖③

以在形式上需要提高正確性和美觀度。角度有四個，其中愛讀書、愛美術、愛笑、喜歡運動是興趣，頭髮很短、眼睛大是外貌特徵，樂於助人是性格特點，會寫毛筆字是特長。」

「非常棒啊！」媽媽誇讚祺祺。「第三張說不好的地方就可以。」

「在第三張中，不好的地方是：想看全部內容時，需要轉動紙張，或者歪著頭才能看清楚。」祺祺邊說邊調皮地將自己的頭轉了90°，嘗試著去看清楚反著寫的內容。

訓練描寫能力的遊戲或教具

年齡小一些的孩子，可以養寵物、種植物等，並且寫觀察日記。

具體養什麼可以根據孩子的興趣來決定，比如有的孩子喜歡養小動物，有的喜歡養昆蟲，有的喜歡種植花草……，關鍵在於：孩子在做的過程中，能夠使用我們前面講過的「非常5+1」，調動自己的視覺、聽覺、味覺、嗅覺、觸覺和感受，並且記錄下來。

年齡稍大一些的孩子，可以讓他們有意識地去觀察自己感興趣的一切，並且進行獨立的思考，形成記錄。

當孩子將觀察變成一種習慣時，他的洞察能力一定會越來越強。

氣泡圖和圓圈圖的區別

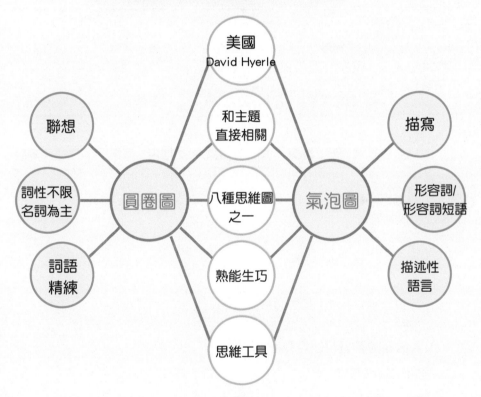

本章小結

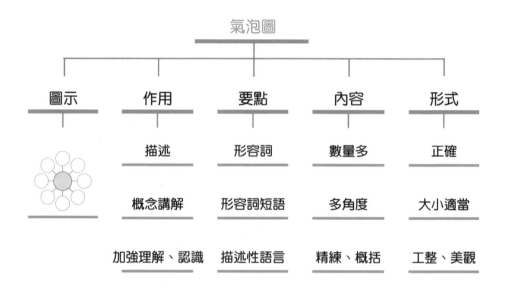

知識點回顧

1.氣泡圖的繪製口訣是什麼？

中間一個小圓寫_____，周圍一圈小圓寫_____；

中間小圓和周圍小圓，一一用線條_____。

2.將氣泡圖的評量標準填寫在下面的圖中。

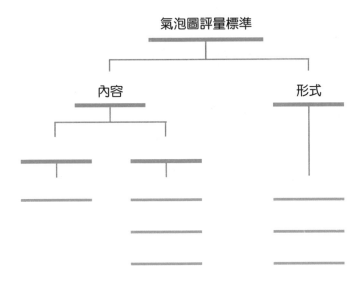

氣泡圖評量標準

內容　　　　　　　　　　形式

3.按照氣泡圖的評量標準，用自己的話，評論一下這幾張圖。

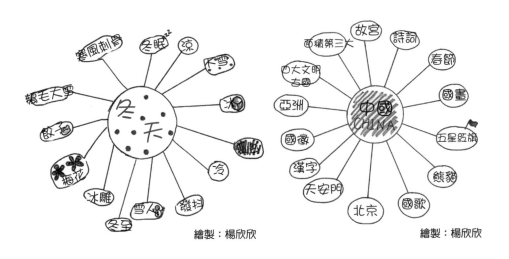

繪製：楊欣欣　　　　　　　　繪製：楊欣欣

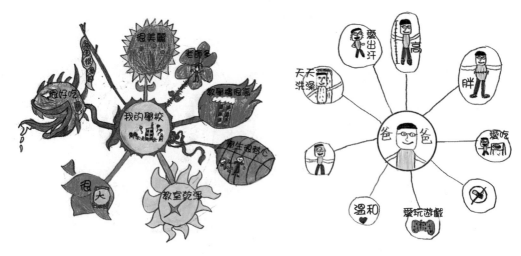

繪製：董鏵鍇　　　　　　　　　　　　繪製：趙澤銘

基礎應用

　　不管是在繪本、動畫片還是在課文中，我們都已經知道許多人物的故事，現在用氣泡圖畫出一個你最喜歡的人物形象。

　　從記事開始，你已經過了很幾次生日，那麼，哪一次生日讓你留下了深刻的印象？用氣泡圖描寫一下。

任務挑戰

隨著科技的發展，我們的生活環境每天都在發生變化，你心目中的未來世界是怎樣的呢？用氣泡圖和大家分享一下吧。

每年隨著季節的變化，周圍的環境、人們的服裝和飲食都會發生很大的變化。挑選一個你喜歡的季節，用氣泡圖描寫一下。然後針對氣泡圖中的詞語，每個寫1～3句話。

掌握易混淆的知識
雙氣泡圖

「在比較中認識一切。」這句格言一針見血地說明了「比較」在認識中的作用。比較既是一種研究方法，又是認知的一種策略。

——佚名

很多孩子能夠清晰地記住周圍發生的一切，但當你詢問他們**很多事物之間的聯繫**，尤其是問到**相同點或不同點**時，他們就會摸著頭不知道怎麼回答了。為什麼？因為他們只是利用了記憶好的優勢，而沒有思考的意識和習慣。

什麼是雙氣泡圖

雙氣泡圖是視覺化地進行比較的思維工具，可以幫助孩子找出兩個事物之間的異同點，從而進行選擇；還可以讓孩子通過對比分析，對兩

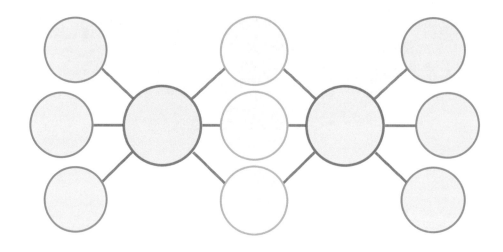

個相似的事物進行深入理解。

　　比較是一個重要的分析問題的方法，而雙氣泡圖是一個訓練觀察和對比能力、養成先找共性再找不同的習慣的工具。

　　在生活和學習中，我們常需要對相同或相近的事物進行比較，並且從中做出選擇。那麼當我們需要更深刻地認識兩種相似事物的時候，我們就可以用雙氣泡圖來進行對比。比如，針對兩個相似商品進行比價；週末計畫出去遊玩時，對不同的目的地、不同的出遊方式進行比較。經過比較，我們可以選出較優的那個，並且在比較的過程中，我們能夠更加深刻地認識事物。所以雙氣泡圖是一個非常有用的工具。

情景導入

場景1

有一天，祺祺放學回到家後，輕聲地說：「媽媽，我想養一隻貓。」

這個請求，對於一向不願意養小動物的媽媽來說，感到為難，她說：「以後我們常去奶奶家看貓，不就行了嘛。」

祺祺看著媽媽，噘著小嘴不說話。

看著祺祺祈求的眼神，媽媽靈機一動，說：「媽媽沒有堅決反對你養貓，那麼你說說養貓和不養貓的相同點和不同點分別有哪些。」媽媽邊說邊在一張A4大小的白紙上畫了兩個小圓，左邊的小圓裡寫上養貓，右邊的小圓裡寫上不養貓。然後對祺祺說：「你說說看，養貓和不養貓的相同點吧。」

祺祺眨了眨眼睛，不知道說什麼。

媽媽啟發地說：「就是不管養不養貓，對你自己、對這個家都沒有變化的方面。」

祺祺思索地說：「都沒有變化啊，會有什麼變化呢？」

「具體來說，有哪些地方沒有變化呢？」媽媽追問。

「養不養貓，我們都要正常吃飯、睡覺和寫作業。」

「沒錯，在這些方面，我們確實不會有絲毫的改變。」媽媽邊說邊在剛才畫的兩個小圓之間畫了一個小圓，裡面寫上「吃飯」，並且用線條連上兩個小圓。然後用同樣的方法完成「睡覺」和「寫作業」。

「那麼，我們再來看一下養不養貓對我們的影響吧。養了貓之後，你的心情會怎麼樣？不養又會怎麼樣？」

「媽媽您是不是同意了？養了貓的話我會特別開心，有自己的寵物了；不養貓的話有些氣餒不開心、難受，羨慕別人有寵物。」

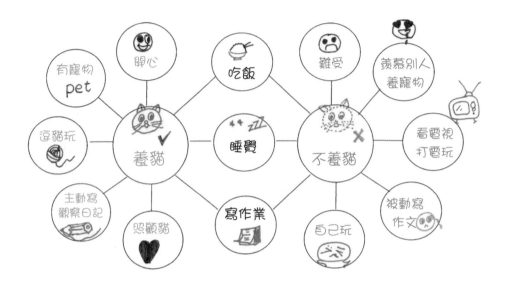

　　「剛才說的是你的心情和狀態。那有沒有養貓，你做的事情上會有什麼變化呢？」

　　「養貓的話，我會每天抱抱牠，逗牠玩；沒有養貓的話，我每天就是看電視和打電動了。」

　　「那你會寫觀察日記嗎？就是貓在我們家的行為變化，你會主動寫，而不是因為老師要求而寫嗎？」

　　「只要讓我養貓，我就寫。」沒想到祺祺開始談起了條件。

　　「以後要是貓生病了，你會像對待小寶寶一樣耐心地照顧牠嗎？」

　　「一定會，媽媽。」祺祺有些不耐煩了。

　　在和祺祺交流的過程中，媽媽在兩個主題圓的旁邊不斷畫著小圓，並且相應寫上祺祺說的詞：開心、難受；有寵物、羨慕別人有寵物；逗貓玩、看電視打電動；主動寫觀察日記、被動寫作文；照顧貓、自己玩。

　　祺祺看著圖裡的內容，思維小人沒有閒著，不斷地做著比較：養貓好

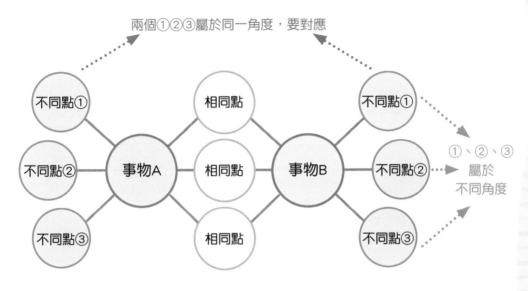

雙氣泡圖繪製要點

還是不養貓好？

　　媽媽指著剛剛畫的圖對祺祺說：「這個圖，叫雙氣泡圖，兩個大圓是主題圓，裡面寫的是需要比較的兩個事物，兩個大圓中間的幾個小圓寫的是相同點，大圓兩邊的小圓分別寫的是不同點，並且不同點是一一對應的。還有一個需要注意的，就是不同點一定是多角度的。」

　　「你看一下我們剛才寫的，不同點是幾個角度？」

　　「心情、狀態、做的事情，3 個角度。」祺祺思考一下後答道。

　　媽媽點了點頭，然後問：「還記得我剛才繪製雙氣泡圖的步驟嗎？」

　　祺祺說：「先畫了兩個大圓，然後又在周圍畫了很多圓。」

　　「嗯，不完全對。可以這樣說：水平線上兩個圓，分別寫上兩主題；兩圓之間畫小圓，小圓裡面寫相同；兩圓外側畫小圓，一一對應寫不同。」

　　對照著雙氣泡圖的繪製步驟，聽著媽媽說的口訣，祺祺很快記住了。

①寫出需要比較的主題

②寫出兩個主題共同點

③寫出對應的不同點

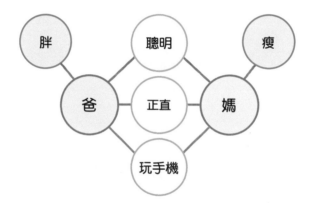

④寫完其他對應的不同點

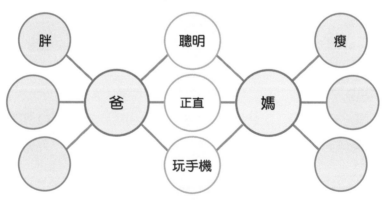

雙氣泡圖繪製步驟

當需要在兩件事情中做出選擇，或者需要區別易混淆的兩個事物、兩個概念時，都可以用雙氣泡圖。對於年紀較小的孩子，用比較相近的字、詞、圖形等，都可以。請列出五對可以讓孩子比較的事物。

家長的訣竅

引導孩子對比能力的技巧

對比能力，訓練的其實還是孩子的觀察能力，方法與氣泡圖的「家長的訣竅」相同。在雙氣泡圖訓練中，需要注意的有兩點：

一：先寫相同點，後寫不同點，這符合求同存異的理念。

二：在寫不同點的時候，需要一一對應，而且是同一角度的。比如，孩子在對比爸爸媽媽時，性格、愛好、外貌等，角度和在圖上的位置都需要一致和對應。

說到這兒，媽媽繼續問：「為什麼是養小貓，難道養小狗不行嗎？小狗可是有名的忠臣啊。」

然後媽媽拿出一張A4白紙放到祺祺面前，說：「按照剛才的雙氣泡圖，畫出養小狗和養小貓的相同點和不同點。要是得出的結論是養小貓更好，媽媽就同意讓你養小貓。」

「真的嗎？」祺祺一下子興奮起來。

很快，祺祺就畫好了雙氣泡圖。相同點的地方寫了寵物、小動物、有生命；不同點的地方寫了小狗吃骨頭，小貓吃魚；小狗汪汪叫，小貓喵喵叫；小狗需要遛，小貓在家玩；小狗味道難聞，小貓沒有味道；小狗兇猛，小貓可愛。

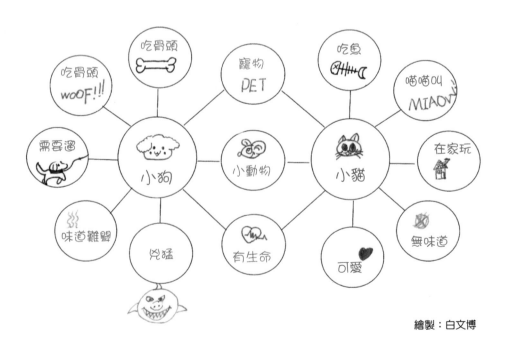

繪製：白文博

媽媽看了一下祺祺畫的雙氣泡圖，笑著說：「我知道你為什麼喜歡小貓而不喜歡小狗了，你自己覺得原因是什麼呢？」

祺祺盯著雙氣泡看了一會兒，抬起頭來，狡黠地沖媽媽笑了笑。

祺祺放下圖，學著媽媽的口氣說：「我發現，我的思維小人在考慮問題時，每次比較的內容都是我需要解決的問題，比如之前比較的是：養寵物還是不養寵物，現在比較的是：養小狗還是養小貓。媽媽，我的思維小人是不是越來越厲害了？」

才用了兩個工具，祺祺的思維小人就能做這樣的思考了，媽媽為祺祺感到高興，趁熱打鐵地遞給他一張表格，說：「老規矩，先來自我檢測一下吧。」

	自我檢測	合適的選項請圈起來		
1	相同點的數量	1～3個	4～8個	8 個以上
2	不同點的數量	1～3個	4～8個	8 個以上
3	相同點涵蓋了幾個角度	1～3個	4～8個	8 個以上
4	不同點涵蓋了幾個角度	1～3個	4～8個	8 個以上
5	不同點是否做到了一一對應	是	不是	
6	是否有「是」和「不是」的表述	是	不是	
7	圖示繪製是否整潔、美觀	是	一般	不是

雙氣泡圖的評量標準

	數量	對比點要3個以上
內容	品質	＊對比點要多角度 ＊對比點要精練、準確 ＊不同點需要同一角度並對應，避免「是」與「不是」之類的表述 ＊對比後，得到有意義的結論
形式		＊圖示繪製正確、美觀，適當修飾 ＊文字大小適當、工整

評量項目		優點	改善點	分數
內容	數量（20 分）			
	品質（60 分）			
形式（20 分）				
總分（100 分）				

　　一天，媽媽拿出幾張雙氣泡圖，對祺祺說：「用你犀利的雙眼，找找這些圖中好的地方和需要改進的地方吧。我先示範說說這一張。我們可以從內容和形式兩個方面來看，內容可以分為數量和品質。數量上對比點要求三個以上，這位小朋友相同點寫了三個，不同點寫了五個，符合要求。」

　　「品質上，對比點要求多角度，這位小朋友從性格（凶、溫柔）、日常狀態（勤勞、忙）、身材（矮、中等個子）、性別（女、男）、頭髮（長、短）五個角度進行了對比，而且做到了不同點一一對應，同時還使用了字或詞來加以表現，所以很不錯。唯一美中不足的就是『忙』一下子寫了六個來凸顯爸爸的忙碌，其實只寫一個也絲毫不會影響他要表達的意思，所以去掉會更好。在不同點的一一對應上，也沒有使用『是』與『不是』之類的表述，這一點也是符合要求的。」

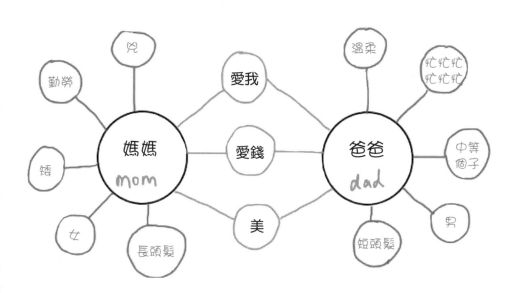

「形式上，要求對應位置正確、美觀，文字大小適中、工整。這位小朋友有畫錯的地方，但是他進行了調整，整體來說還可以。」

　　媽媽一下子說了這麼多，也沒管祺祺有沒有理解和記住，接下來就直接考驗祺祺。

　　媽媽問：「這張雙氣泡圖，最明顯的問題是什麼？」

　　祺祺用眼一掃瞄，說：「這一看數量就不夠啊，最大的問題就是數量不夠。」

　　「學得很好啊，小夥子。」媽媽調侃地說：「那我們現在要增加難度了，評量看看這張圖。」

　　「這張嘛⋯⋯」祺祺拿著圖左看右看，然後裝模作樣地說：「這張比較複雜，且聽我詳細分解。首先，寫了這麼多，數量上肯定是夠了。先看中間的相同點，會法律、愛運動、看手機、減肥中、愛我、脾氣好，掐指一算，有三個以上的角度。再看一下不同點，會英語對應會俄語，會做飯對應會做飯，怎麼都是會做飯？這應該是相同點啊，這個算是大問題，但我覺得他是粗心寫錯的。」祺祺仍然自言自語道：「爸爸皮膚黑和媽媽皮膚白，這個沒有問題。會修理和不會修理，這個好像有些問題，媽媽說過不要使用『是』和『不是』，那『會』和『不會』肯定也不能用，所以這個地方也有問題。爸爸會修理是特長，把媽媽的不會修理改成一個媽媽的特長就可以了。」

　　聽著祺祺的分析，媽媽知道祺祺掌握得很好，又稱讚了一下祺祺。

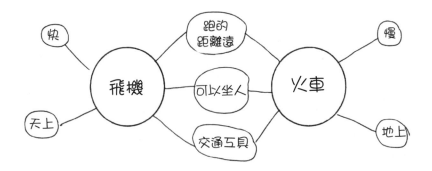

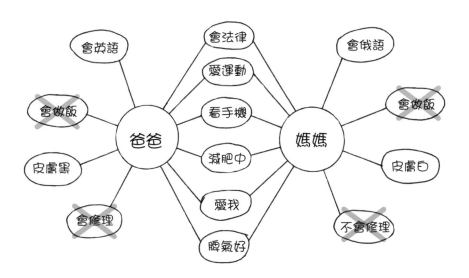

當要比較三個事物時，怎麼辦？

有時不可避免地出現了三個需要比較的事物，那麼可以在雙氣泡圖的基礎上，延展出三氣泡圖。這時為了避免畫面過於複雜，我們主要比較不同點。如圖所示，不同點仍一一對應。

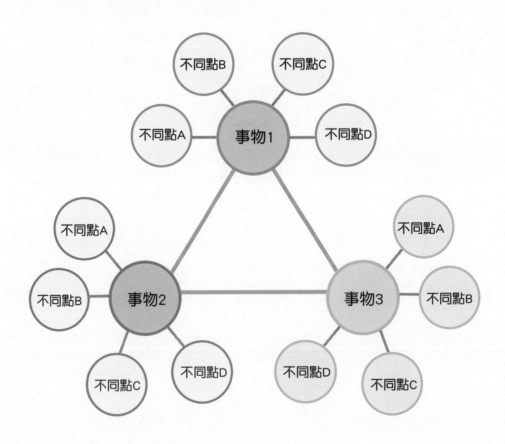

比如，要比較三首古詩，可以引導孩子從朝代、作者、景物、情感等方面進行對比。

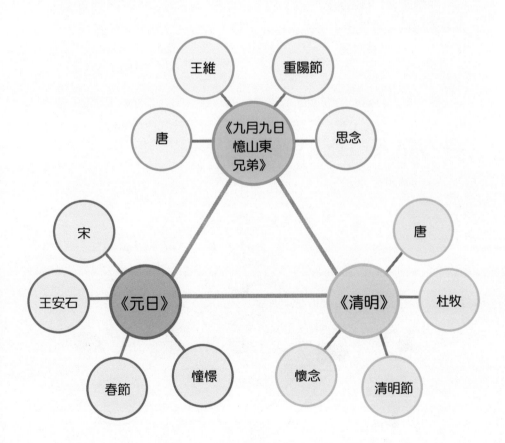

我是小老師

教是最好的學。媽媽自己在小時候上學時就常聽老師說：老師要教學生一杯水，那他自己必須有一桶水。因為只有消化吸收、理解透澈後，才能教會別人。在教別人的過程中，還能發現自己學得不紮實的地方，然後再回過頭來學習，基本上就掌握得比較徹底了。

這和諾貝爾物理學獎得主理查·費曼提出的「費曼學習法」不謀而合。費曼強調，我們要將學習的內容進行內化，然後用兒童能夠聽懂的語言表達出來。若表達不出來就重新學習，直到完全無障礙地表達出來為止。

有一天，祺祺的同學碩碩來家裡玩的時候，媽媽就慫恿祺祺教一教碩碩。沒想到祺祺竟然擺出了做老師的樣子，把家裡的白板掛起來，找出白板筆，認認真真地給碩碩上了一課。

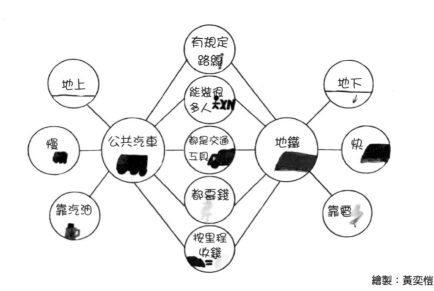

繪製：黃奕愷

確定了主題是比較「公車」和「地鐵」後，祺祺示範著，將雙氣泡圖的畫法、作用、繪製的步驟及注意點，一樣都沒遺漏，介紹得清清楚楚。

　　看看碩碩畫的圖，就知道祺祺的教學水準了，媽媽覺得很欣慰。

　　在教學中，評論作業也是非常重要的一環，於是媽媽說：「你給碩碩示範一下如何評論他的作業，從哪些角度來評量，這些你是有經驗的哦。」

訓練對比能力的遊戲或教具

　　訓練孩子對比能力的遊戲有很多，適合孩子的有「找不同」或者「找錯誤」，市面上有各種類型的書籍和遊戲，可以挑選適合孩子年紀的和孩子感興趣的。

　　在平時的生活中，我們也可以隨意挑選兩張圖片或將兩個事物放在一起，讓孩子找出有幾處不一樣。比如，「視覺大發現」系列圖，可以明孩子突破思維定勢，激發豐富的聯想，有效提高注意力，培養細緻的觀察能力，讓孩子在快樂中學習。

本章小結

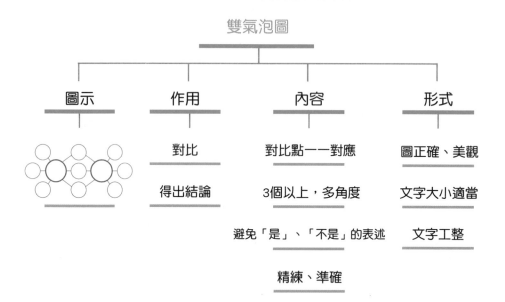

雙氣泡圖

圖示	作用	內容	形式
	對比	對比點一一對應	圖正確、美觀
	得出結論	3個以上，多角度	文字大小適當
		避免「是」、「不是」的表述	文字工整
		精練、準確	

知識點回顧

1.雙氣泡圖的繪製口訣是什麼？

_____上兩個圓，分別寫上兩_____；

兩圓之間畫小圓，小圓裡面寫_____；

兩圓外側畫小圓，一一對應寫_____。

2.將雙氣泡圖的評量標準填寫在下面的圖中。

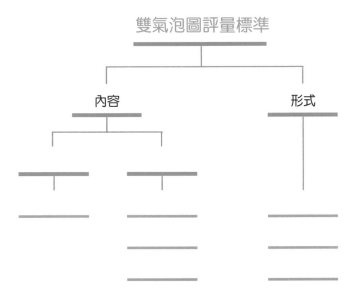

3.按照雙氣泡圖的評量標準,用自己的話,評論一下這幾張圖:

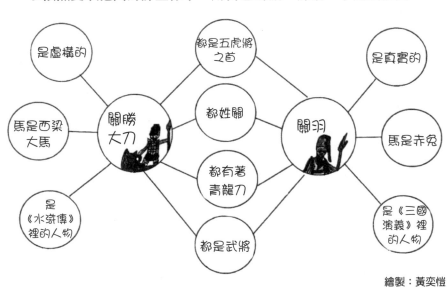

繪製:黃奕愷

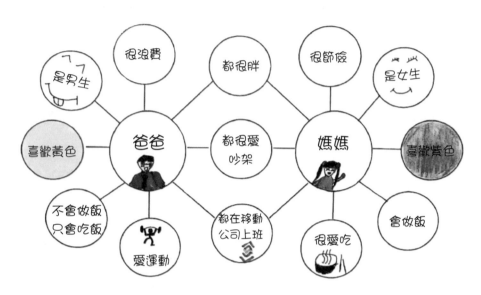

繪製：黃奕愷

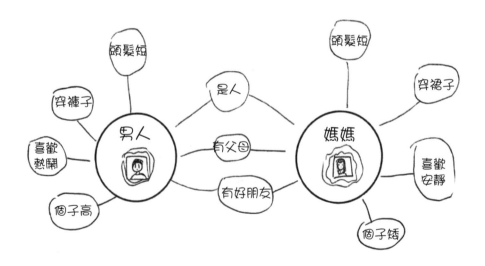

基礎應用

家和學校，是我們最常待的地方。你發現它們之間的相同點和不同點了嗎？用雙氣泡圖畫一畫。

每次逛街都看到很多喜歡的玩具，恨不得都占為己有。但是，媽媽說：「只能選擇一個。」最終，你在兩個玩具中猶豫。這時，該怎麼辦呢？用雙氣泡圖幫你做決定吧。

任務挑戰

在學校的日常學習中，有語文、數學、美術、音樂、電腦、體育等，你最喜歡哪一種，最不喜歡哪一種呢？繪製一幅雙氣泡圖比較一下，並且得出一個結論。

現代社會日新月異，想像一下十年後的科學技術，和現在相比，將會有哪些快速而突破的進展？用雙氣泡圖呈現出來吧！

聯想、描寫和對比綜合練習

　　大部分孩子們都很歡喜週末，因為在學校學習了五天，終於可以輕鬆玩兩天了。那麼，請以「週末」為主題，分別畫一幅圓圈圖和一幅氣泡圖；再以「先寫作業」和「先玩」為主題，畫一幅雙氣泡圖，並且得出結論。

基礎篇

第二部
分類和拆分

解決
思緒混亂的問題
樹狀圖

人類一旦知道了事物的分類，就可以採取一定的行動。

——佚名

有的孩子能說會道，很討人喜歡。你和他聊天，他能侃侃而談，甚至比你還能說，但他說的內容往往張冠李戴，跳躍性特別強，讓人不知所云。而且你會發現，無一例外地，他的書包亂亂的，他的房間亂亂的，他周遭的一切若沒有父母幫忙的話，也都是亂亂的。

為什麼會這樣呢？因為這樣的孩子不會分類，沒有歸納總結的意識，所以他的思路很混亂。

什麼是樹狀圖

樹狀圖是訓練分類能力的工具，也是進行思維訓練的重要工具之

一。因為分類在我們的生活、學習和工作中無處不在，分類能力的高低在一定程度上代表一個人的思維能力。

在學習中，孩子們需要對書包進行分類，對學習的知識點進行分類，對需要記憶的內容進行分類……這些都可以提高他們的學習效率。

在生活中，孩子們需要對衣物進行分類，對玩具進行分類，對書籍進行分類……在分類的幫助下，他們的學習和生活將變得更加簡單和有序。

因為有了分類，我們的生活才變得有條不紊。比如，醫院的科室需要分類，垃圾需要分類，超市的物品需要分類，馬路上行走的人與車需要分類……這些分類給我們的工作帶來了極大的便利，也使我們的生活變得更加美好。

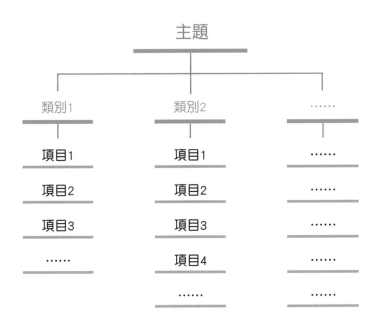

時間過得真快，很快一學期就過去了。從明天開始，祺祺將迎來他豐富多彩的暑假生活。為了祺祺的暑假能夠過得充實且有意義，媽媽真是費盡心思。

又有了難得的母子相處時光，媽媽說：「兒子，今天我們一起來玩星期天逛三園的遊戲吧。」

於是母子倆你一言我一語地玩開了。每一回合都是在祺祺的倒數聲中，以媽媽的語塞而結束，祺祺開心地咯咯大笑。

遊戲結束後，媽媽誇祺祺：「兒子，不管是什麼園，你想得都比我多啊！真的很棒。」媽媽沒有說破，其實她是想透過這個遊戲讓祺祺明白分類的道理。

「媽媽，我在玩這個遊戲的時候，感覺我的思維小人站在甜甜圈裡，它在甜甜圈裡到處跑，我就能快速想到園裡有什麼東西了。」祺祺講了他在遊戲過程中思考的感受。

一路學習下來，祺祺不斷給媽媽帶來驚喜。媽媽接著祺祺的話說：

星期天逛三園

遊戲人數：最少2人。

遊戲規則：先輪流說「星期天」「逛公園」「什麼園」，另一個人在動物園、植物園、水果園中，挑選一個說出來。若選擇的是水果園，那麼接下來大家說的都必須是「水果」。如果2秒內還接不上的一方為輸。

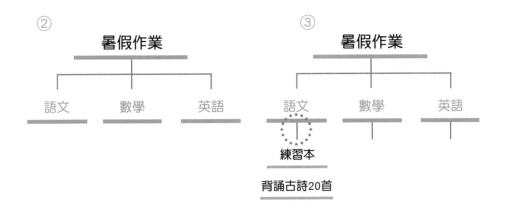

「你的思維小人每次所站的甜甜圈就是一個類別，這個類別就像一個筐子，屬於這個筐子的東西都可以放進去。這就是分類。」

祺祺點了點頭。

休息了一會兒後，媽媽問：「兒子，暑假作業都有哪些？咱們一起來整理一下吧。」媽媽拿出一張白紙，橫著放在桌上，並且在紙上端的中間位置畫了一根短橫線，線上上寫上「暑假作業」。

然後媽媽繼續問：「學校作業主要有哪些？」按照祺祺的回答，她畫出了上圖的②。

接著媽媽說：「有兩個地方需要注意一下。一是在寫類別的時候，從左往右寫；二是語文下面的小豎線。」媽媽邊說邊在語文下面的橫線中間畫了一條垂直的小豎線，繼續說：「這條小豎線是為了區分大的類別和下面的項目，一定要有。」

畫好後，媽媽繼續問：「語文有哪些作業呢？」

祺祺說：「語文練習本、背誦古詩二十首。」

「數學呢？」

「數學練習本、20以內的加減法50題。」

「英語呢？」

「英語練習本、上學期老師指定背誦的課文和單詞。」

媽媽邊聽著祺祺說，邊在語文的下方寫上「練習本、背誦古詩20首」，並且畫上了相應的小橫線。她用同樣的方法完成了數學和英語下面的內容。

然後媽媽指著剛畫好的圖對祺祺說：「看，這個圖是不是像一棵倒過來的大樹啊，所以它叫樹狀圖。暑假作業是樹根，語文、數學、英語是樹的主幹，下面的內容都是樹的枝幹。」

就這樣，祺祺和媽媽一起完成了暑假作業的樹狀圖。

之後，媽媽問祺祺：「你還記得樹狀圖的繪製步驟嗎？」

「記得，但是我說不出來，媽媽，您是不是又有口訣了？」

「橫線上面一主題，下面線條連類別，類別下面加T形，只是為了做區分。這樣是不是很容易就記住了？」媽媽笑著說。

祺祺小聲重複了一遍後說，信心滿滿地說：「媽媽，我記住啦。」

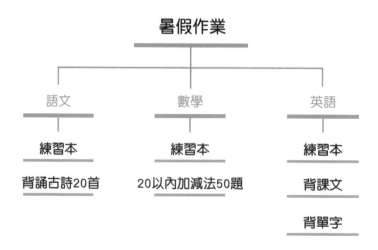

教孩子分類，難嗎？
難！且看高手拆招

家有小學生的父母們肯定會發現，分類是孩子遇到的一大難題。

分錯類是常事，有的分類角度單一，有的分錯類別，有的完全不知如何進行……這些問題在一定程度上影響了孩子的自信心。作為父母，怎一個「愁」字了得！

面對這種情況，身為父母的我們，究竟該如何幫助孩子對分類這個概念產生生動、深刻、多方面的理解，使他們學會、學透呢？沈紅亮老師根據親身實踐，教你方法，使教孩子分類不再難！

學習分類的三大法寶：瞭解概念、練習分類、啟發感悟

法寶一：瞭解概念

在東西很多時，尋找出它們相同的特點，然後按照不同的特點，將它們分別整理、歸納成若干份，這就叫作「分類」。

我們去超市時，會看到蔬菜、零食等放置的地方不一樣，這是為了方便顧客迅速找到想買的東西，將商品按「種類」進行了分類。

而我們自己，也在生活中進行著各種分類。例如，我們若同時擁有幾個抽屜和櫃子，就會考慮這個抽屜放什麼，那個櫃子放什麼，這也是分類。

雖說分類的方法就是尋找「相同特點」，但是物品的特點並不止一個，因此，看到的特點不同，分類方法也會不一樣。例如，我們要將衣服放進抽屜裡。這些衣服可以按「使用人」不同來進行分類：爸爸的、媽媽的、孩子的。也可以按照不同的種類進行分類：裙子、襪子、T恤。相同特徵的物品還可以再做細分，例如T恤，可以分為長袖、短袖。

　　分類，在我們做事或者思考問題的時候，起著十分重要的作用。通過不同的分類，我們可以瞭解到一個人的看法和思維方式。

法寶二：練習分類

　　我發現只要幾天不管兒子，他的書包就亂七八糟了，學習用品也是東一個西一個，很多書籍需要用的時候怎麼也找不著……這些都是因為不會分類，或者沒有養成分類的習慣而帶來的不良後果。

　　我和他一起把書包裡的東西全部倒出來，讓他將同一類的物品放在一起。他將課本和練習本分別放在一起，這時我問：「為什麼這麼分？」他回答：「練習本是用來寫作業的，課本是用來上課的。」

　　我又問：「假如為了方便，我們上課時更快捷地找出該堂課需要的所有物品，要如何做？」

　　這時他會將語文書、語文練習冊放在一起，數學書、數學練習冊放在一起……。

　　我再問：「假如為了使書包裡面看起來整齊，應該怎麼辦？」

　　祺祺一聽就明白了，他將同樣大小的書放在一起，同樣大小的本子放在一起。

法寶三：啟發感悟

當他能夠完成這些動作，說明他在潛意識裡對分類已經有了的基本認識，這一點值得肯定。但是他做到這一步，就可以了嗎？顯然不夠。只有找到行為背後的客觀規律，才能夠更深刻地認識事物的本質。

所以這時，我們要繼續問：「為什麼會有這麼多種分類方式？分類的依據是什麼？」這是為了引導孩子得出分類目的不同，分類方式就不同的結論。

重點：一定要問孩子「為什麼」，因為孩子只有經過思考，並且總結出正確的結論，他的能力才能夠真正得到提升。

說出分類依據，找出異同點，是提升分類能力的不二法門

小學生學習的分類，主要是按照種類、功能，還有目的來分，其他分類方式不是小學生的學習重點。在教孩子分類前，我們需要知道針對一堆事物，孩子們要學會的是：尋找這些事物之間的共性。這些共性是特徵相同、屬性相同、功能相同、目的相同，還是其他什麼相同？

什麼是特徵相同？比如一堆玩具，它們是形狀一樣、顏色一樣、材質一樣，還是其他什麼一樣呢？

什麼是屬性相同？比如香蕉、蘋果、梨，它們就是屬性相同，都屬於水果。鉛筆、橡皮、文具盒、直尺，也是屬性相同，都屬於學習用品。

什麼是功能相同？比如電話、手機、LINE之類的通訊軟體，都可以用來聊天。

什麼叫目的相同？上圖中的8個文字，若要分為2類，可以按顏色

主題：用樹狀圖，分類以下文字
條件：分別分成2類、3類、4類
飽　丰　穿　實　風　保　川　封

分；若要分為3類，則將發音一樣的放在一起；若要分為4類，需要按照文字的結構或者筆劃來分類。

在分類的時候，我們要注意不重疊、不遺漏。

什麼是不重疊、不遺漏呢？比如一個事物，我們把它歸到了A類，就不能再歸到B類，因為它只能有一個家，這就是不重疊。同時，我們在歸類的時候，不能有任何一個事物沒有家，它必須尋找到自己的家，這就是不遺漏。

重點：分類方式究竟哪一種更好？其實沒有標準答案，主要看我們的目的。目的不一樣，分類的方式就不一樣。

瞭解使用範圍，才能更有針對性地使用

分類，在孩子們的學習和生活中無處不在，比如：書包裡的物品需要分類；學習用品需要分類；書籍需要分類；玩具需要分類；衣服需要分類；考考孩子，分類還可以使用在哪些方面？

孩子答：「喜歡的食物可以分類，同學可以分類，房間可以分類，餐具可以分類……」

不同年齡階段的孩子，能夠瞭解的分類使用範圍有所差別，我們只需引導，不要強求，也不用太擔心。

大量實踐，才能使孩子受益最大化

家長如何帶領孩子一起訓練分類？

* 和孩子一起將家裡的服飾、書籍、餐具等物品進行分類。
* 走在路上的時候，可以和孩子一起對交通工具、遇到的人和房屋進行分類。
* 逛公園的時候，可以對植物進行分類。
* 逛動物園的時候可以對動物進行分類。
* 對看過的電影進行分類。
* 對周圍的親朋好友進行分類。
* 對需要做的事情進行分類。

……

分類訓練無處不在，只要我們用心去發現，就可以時時刻刻和孩子一起訓練起來。

意識到益處，才能更積極地使用

學習分類對於孩子的日常生活自理能力，以及思考方式的培養，都非常有幫助。我們需要讓孩子感受到學會分類的好處。

重點：讓孩子將自己的日常用品做分類，然後整理出自己的分類法，並且進行演說。

沈紅亮老師兒子的分類演說：

分類的好處有很多。我將我的衣服按照季節進行了分類，放在不同的櫃子裡，這樣使用起來更加方便。我將書包裡的物品進行了分類，放

在不同的隔層裡，這樣可以提高我找出它們的速度。我將我的玩具進行了分類，使家裡看起來更加整潔。所以說，分類的好處有很多。

從沈老師的兒子分享中，我們可以看到，他已經學會了基本分類並理解了分類的好處。使用以上方法，可以輕鬆幫你解決分類難題，趕快試試吧！

我在教兒子學習分類的過程中，和兒子一起總結出如下好處：

1.在思維方式上，學會尊重不同意見的人

每個人，因為生活經驗不同，思考同一個問題的方式和角度就會不同，所以會得出不同的結論。當別人與我們的想法不一樣時，並不能說對方是錯的，我們是對的，因為往往是對方的分類方式與我們不同而已。

2.在日常生活上能更有效管理好自己的日常用品和時間

例如，將自己的日常用品分門別類存放，需要使用時很容易就可找到。學會將一天中要做的事情進行分類，就會慢慢懂得輕重緩急，有效利用時間。

3.分類與「細節」息息相關

我們常誇某人做事認真、注重細節，而這種「細節精神」正是可以通過不斷的分類訓練培養出來的。因為分類，就是先分大類，然後分中類、小類，分到最後就是「細分」和「微分」。這種細分和微分，在行動中體現出來的就是我們所看到的細節精神。

任何方法和工具，都離不開認真實踐。

送大家一句話：凡事都怕「認真」二字！

　　瞭解了分類的作用和方法後，媽媽有種如虎添翼的感覺，恨不得立刻幫助祺祺掌握分類的所有方法和技巧。一天，看著家裡東一本西一本放得到處都是的書籍，媽媽問祺祺：「兒子，每次你想看一本書時，都能立刻想到它在什麼地方嗎？」

　　祺祺對媽媽的問題感到疑惑，說：「家裡轉一圈，很快就能找到了啊。」

　　「那你想不想一下子就找到書，而不用滿屋子轉？」

　　「在屋子裡轉著挺好玩的啊，我喜歡閒逛。」

　　媽媽繼續耐心地問：「那你在找書的那一刻，是想更快找到書，還是希望在房子裡多逛一會兒呢？」

　　「當然是更快找到書啦。」祺祺不假思索地回答。

　　「那好，今天媽媽教你一個方法，讓你以後可以用最快的速度找到想要看的書，好不好？」

　　然後，媽媽和祺祺一起將散落在家裡各個地方的書都放到祺祺的書架旁。

　　媽媽問祺祺：「你有這麼多喜歡的書，要是把這些書分成幾類，你會怎麼分呢？」

　　可能是受媽媽剛才說的「喜歡」二字的影響，祺祺說：「可以分為超級喜歡的、一般喜歡的、不喜歡的。」

　　「嗯，分得很好。」媽媽肯定地說，接著提出了新問題：「還有沒有其他分法呢？」

　　「當然有啦！」祺祺想都沒想立刻回答：「書的形狀有長方形的、正方形的，而且它們還分別有大有小，我們按大小和形狀來分就可以啦！」

「哇，兒子很厲害。那麼我要加大難度，還有其他的分類方法嗎？」

祺祺的眼睛在書架上掃瞄了好幾個來回，說：「可以按書的顏色來分，紅色封面的、綠色封面的、黃色封面的、藍色封面的、五彩封面的；還可以按照我看過的次數來分，看過5次的、看過4次、3次、2次、1次的以及還沒看過的。」

祺祺根據自己的經驗，在短短的幾分鐘內做了四種分類，媽媽很欣慰，但還是繼續啟發他：「你的書絕大部分是繪本，那麼除了繪本，還有哪些種類？」

「還有漫畫書，我最喜歡的《名偵探柯南》、《明朝那些事兒》，還有媽媽讓我背誦的《唐詩三百首》、《論語》、《三字經》，以及《西遊記》、《葫蘆娃》等名著。」

「你將書分成了繪本、漫畫、經典詩詞、名著四大類，非常好。那麼接下來，你想按照哪種分類方法來整理你的書架呢？用樹狀圖將它畫出來吧。」

很快，祺祺就畫好了，看著祺祺畫的樹狀圖，媽媽由衷地誇讚：「畫得真好，小小書架，你竟然想出了這麼多分類方法，真的非常棒！」媽媽禁不住又誇了他，然後說：「現在對照檢測表，自我檢測一下吧。」

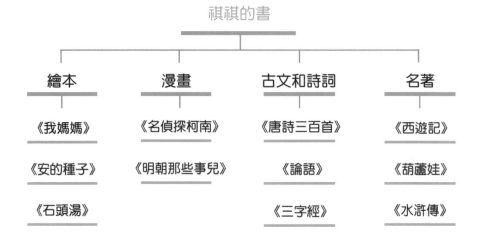

	自我檢測	選擇是/否/一般，並寫下來
1	每個項目是否被分到正確的類別中	
2	類別下面是否畫有小豎線	
3	是否避免了「是」和「非」，「有」和「無」的分類方式	
4	圖示繪製是否整潔、美觀	

家長的訣竅

樹狀圖的評量標準

內容	數量	探索出多種分類標準。比如，同一組事物，畫出不同分類的樹狀圖。
	品質	*分類標準合理，符合科學依據，不重疊、不遺漏。 *每個項目均分到正確類別中，避免「是」和「非」， 「有」和「無」的分類方式
形式		*圖示繪製正確、美觀

場景2

「兒子，今天我們來做個類似腦筋急轉彎的遊戲吧？」

一聽到腦筋急轉彎，祺祺興致來了，急切地等著媽媽說下文。

「人分為大人和小孩，對不對？」

「對。」

「為什麼？」

「您和爸爸是大人，我是小孩。」

「這是按照什麼來分的呢？」

「按大小來分的 。」

「按什麼大小來分的呢？」

「年齡。」在媽媽的引導下，祺祺終於回答出來了。

媽媽立刻稱讚他：「不錯啊，這麼輕易就贏了第一個回合。」媽媽裝作羨慕地說。

「人分為男人、女人和小孩，對不對？」

「對。」祺祺肯定地說。

「請說明你的理由。」媽媽一本正經地說。

「爸爸是男人，媽媽是女人，我是小孩，所以是對的。」

「那你是男人還是女人呢？」

「我不是男人，我是男孩。」祺祺糾正道。

為了不打擊祺祺的積極性，媽媽沒有否定祺祺，而是繼續說：「那麼，人按照性別分的話，可以怎麼分呢？」

「男和女。」

「按照年齡分呢？」

「小孩和大人。」

「還記得媽媽的問題嗎？」

「記得，妳是問：人分為男人、女人和小孩對不對。」

「記憶力真好。」媽媽肯定他。「男人和女人是按照性別來分的，小孩和男人與女人不屬於同一個類別，對不對？」看祺祺仍有些迷茫，媽媽繼續說：「因為小孩的年紀小，是按照年齡來分的，對應的應該是大人，所以這樣分是不對的。而且，小孩也分男和女，和前面的男人和女人重疊了。第二個回合，媽媽勝。」媽媽假裝興奮地說，然後安慰祺祺，說：「下面開始第三個回合，一起加油。」

「第三題：人分為已婚的大人和小孩，對不對？」

「對。」祺祺又不假思索地回答。

「小孩對應的是大人，我們剛才說過了；已婚對應的是未婚，所以這裡沒有對應。還有，我問你，大人裡面有沒有沒結婚的？」

「當然有啦！隔壁阿姨就是。」祺祺想到了鄰居阿姨還沒有結婚。

「那麼，問題出在哪裡？」

「漏掉了鄰居阿姨！」

「對。這個題目中漏掉了一部分人，上一題中重複了一部分人，這兩個就是分類中經常出現的問題，不僅是你，就連很多大人也常常分不清楚呢。」

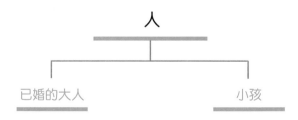

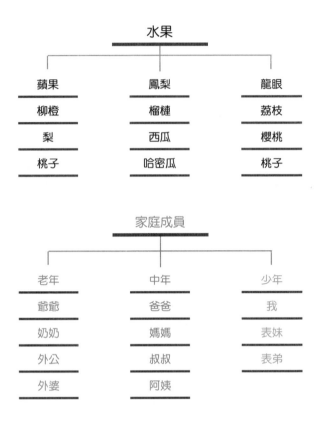

水果

蘋果	鳳梨	龍眼
柳橙	榴槤	荔枝
梨	西瓜	櫻桃
桃子	哈密瓜	桃子

家庭成員

老年	中年	少年
爺爺	爸爸	我
奶奶	媽媽	表妹
外公	叔叔	表弟
外婆	阿姨	

「真的嗎？」聽媽媽這麼說，祺祺似乎找回些自信。

「剛才的題目很難，現在來些簡單的。」媽媽輕鬆地說：「看看這兩張圖，有什麼問題？」

「上面這張，沒有寫大類的詞。」祺祺盯著看了半天說：「但我覺得它是按照大小來分類的。下面這張就分得很好，沒有發現問題。」

「邏輯上沒有問題，那麼看看形式上呢？」

「哈，我知道啦，沒有小豎線。」祺祺像發現新大陸似地開心。

媽媽微笑著點點頭，很滿意祺祺的表現。只要祺祺認真，學習效果是非常好。

指手畫腳

鑒於祺祺的表現很不錯，這一次，媽媽只拿出一張樹狀圖，讓祺祺評量。

祺祺拿起來認真地看了一遍說：「感覺分類很清楚，分為家長看的、我和妹妹看的、全家都看的、全家都不看的。但是全家都不看的和全家都看的，是不是就包含所有書？那家長看的、我和妹妹看的，這樣放對嗎？」祺祺由肯定轉變為猶豫不決，並開始撓後腦勺了。

媽媽見狀，立刻問：「全家都看的意思是不是指全家四個人都看的呢？」

「應該是，全家都看的就是四個人都看的。」

「那除了四個人都看的，是否可能還有孩子看而大人不看，大人看而孩子不看的？」

祺祺想了想點頭說：「一定有。」

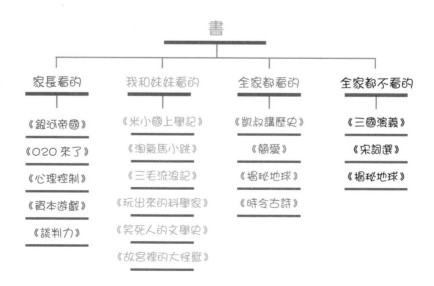

「那麼，你再想一想，這張圖的分類還有其他問題嗎？有沒有重疊的，有沒有遺漏的？」祺祺搖搖頭說：「沒問題了。」

見祺祺明白了，媽媽欣慰地笑了笑，因為她知道祺祺在不斷進步。

•••••••••••••••••••••• 場景3 ••••••••••••••••••••••

過了幾天，媽媽重新拿出前幾天那張圖問：「祺祺，你還記得之前媽媽教過你，分類的時候要把有共同父親的歸為一類嗎？」見祺祺點頭，媽媽繼續說：「在分類的時候，還有個規則，就是父親和父親需要放在同個一層級，兒子和兒子需要放在同一層級。」

「什麼叫同一層級？」祺祺疑惑地問。

「你看這張圖，家長看的、我和妹妹看的、全家都看的，這三個的共同父親是『有人看的』，那麼這三個就是同一層級的。」

見祺祺似懂非懂，媽媽乾脆重新畫了一張圖，並且指給祺祺看：「你看這張圖中，『有人看的』和『沒人看的』，它們又有一個共同的父親叫『書』，那麼『有人看的』和『沒人看的』，就是一個層級的，它們是兄弟姐妹的關係。這樣你明白了嗎？」

聽媽媽對照著圖又重新講了一遍，祺祺算是清楚了。

祺祺說：「我覺得如果思維小人站在『蘋果』上，那它和梨子、香蕉就是同一個層級；如果它站在『水果』上，就和蘋果、梨子、香蕉不在同一個層級上了，因為水果裡包含蘋果、梨子、香蕉。」

聽了祺祺的「拓展」，媽媽笑得很開心，祺祺是真的明白了層級的概念。

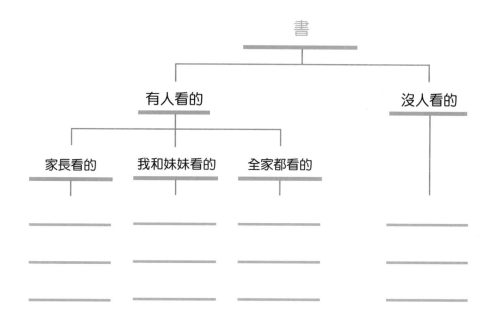

書

有人看的　　　　　　　　　　　　　沒人看的

家長看的　　我和妹妹看的　　全家都看的

訓練分類能力的遊戲或教具

　　SET神奇形色牌由一些簡單的幾何形狀和不同顏色、不同填充方式，共81張完全不重複的紙牌組成。SET神奇形色牌不只是具有娛樂性，為了在短時間內找出符合規律的紙牌，遊戲者還需要具備邏輯思考的能力。而找出符合規律的紙牌，則相當於在訓練孩子的分類能力。

本章小結

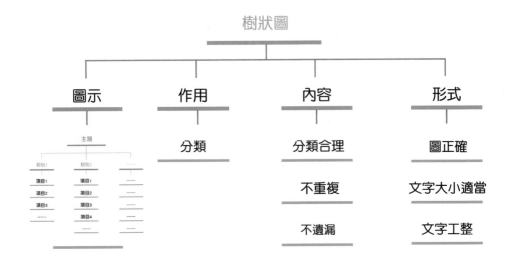

樹狀圖

圖示　作用　內容　形式

主題

類別1　類別2　……

項目1　項目1　……
項目2　項目2　……
項目3　項目3　……
……　項目4　……
　　　……　……

分類

分類合理

不重複

不遺漏

圖正確

文字大小適當

文字工整

知識點回顧

1.樹狀圖的繪製口訣是什麼？

橫線上面一_____，下面線條連_____， 類別下面加_____形，只是為了_____。

2.將樹狀圖的評量標準填寫在下面的圖中。

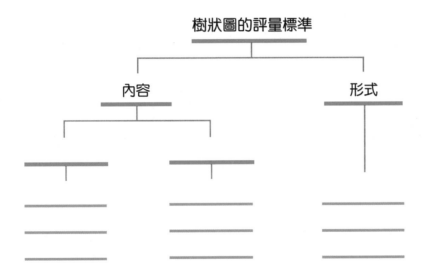

3.對同一堆事物，分類目的不同，分類的結果也不一樣。

一般情況下，我們會按照事物的_____、_____的方式進行分類。

4.按照樹狀圖的評價標準，用自己的話評論一下這幾張圖。

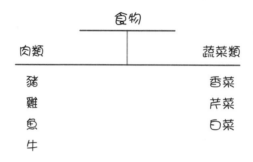

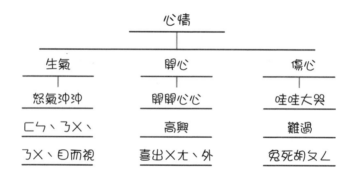

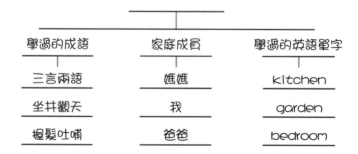

基礎應用

　　你的書包裡肯定裝滿了各種學習用品，它們是如何放的呢？看看能找出多少種分類方式，並且挑選出最合理的一種方式，然後用樹狀圖繪製出來。

　　翻翻語文課本，是不是有很多ABC、AAB、ABB、AABB等類型的詞語？將它們進行分類，思考一下有多少種分法，用樹狀圖繪製出來。

任務挑戰

　　觀察一下自己的家，看看家裡的物品是按照什麼規律擺放的。除了你發現的規律，還有其他分類方式嗎？用樹狀圖繪製出來。

　　你肯定經常和爸爸媽媽一起去超市購物吧，那麼，你發現超市裡的物品有什麼擺放規律嗎？用樹狀圖畫一畫。

括弧圖
分清事物的整體與部分

唯物辯證法認為，一切事物都是由各個局部構成的有機聯繫整體。局部離不開整體，整體高於局部，起著統率和主導地位。二者不可分割，相互影響。

——佚名

有的孩子，你和他溝通時，會發現他很有想法，常常說出你意想不到的好點子，讓你忍不住想豎起大拇指。美中不足的是，他想出的辦法有時是泛泛的、比較抽象的，有時又具體得讓你咋舌，而抽象和具體之間，對他來說沒有太大的差別。

出現這種現象的原因，就是他分不清事物之間的具體關係，不知道是並列關係，還是包含關係。

什麼是括弧圖

　　括弧圖主要表示整體和部分的關係，它是我們認識世界的一個重要工具。我們在關注事物整體的同時，只有關注到事物的內部組成部分，才能建立起對事物全面、客觀的認識，加深對事物的理解和認知。

　　括弧圖中的橫線上，用來寫內容，大括弧表示關係。大括弧左邊用來寫主題或整體的名稱，右邊寫構成這個整體的各個組成部分的名稱。

　　當我們需要理解或設置具有複雜結構的事物時，當我們拆分一個具體的物品、瞭解物品的構成或內部結構時，不論這個物品是真實存在的，還是虛擬的，括弧圖都可以幫助我們。

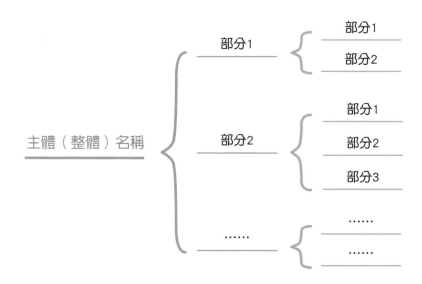

某天，正寫著作業的祺祺突然跑到媽媽面前，哭喪著臉說：「自動鉛筆又按不出筆芯了。」

媽媽意識到這是一個教育的絕好機會，就接過祺祺手中的筆，拉祺祺到桌子旁坐下，說：「我們把筆拆開，看一看問題出在哪裡。」媽媽邊拆邊向祺祺展示：「這個是筆尖，這個是筆帽，這個是筆身，這三樣組成了外殼；外殼裡面是筆管，這個是筆芯。」然後拿著一根筆芯， 在筆管頂端處小心翼翼地往筆管裡戳，直到整根筆芯全部進入筆管。媽媽將筆安裝好，試一下沒問題後遞給了祺祺，同時問：「這隻自動鉛筆有哪些組成部分？」

「外殼、筆管和筆芯。」由於剛才關注了媽媽的一舉一動，所以祺祺毫不費力地就回答了。

「那麼以後自動鉛筆再壞掉了，你知道怎麼辦了嗎？」

「知道了，拆開來修。」

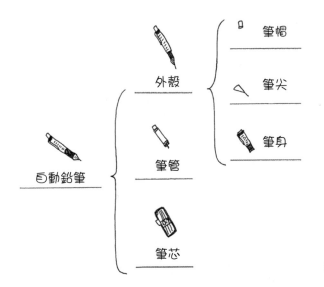

繪製：董鏵鎧

135

「非常好，這麼快就掌握了拆分這種思考方式。我們可以用一種圖示將這種思考方式繪製出來，你看。」媽媽邊說邊迅速地在紙上繪製了一張括弧圖，說：「這是括弧圖，主要表示整體和部分的關係。左邊橫線上的自動鉛筆代表一個整體，大括弧後面的橫線上的外殼、筆管、筆芯這三部分，組成了自動鉛筆這個整體。這三個部分都是組成整體的一部分，缺一不可。外殼又可繼續分為筆帽、筆尖和筆身。拆分最明顯的好處，就是幫助我們發現壞掉的東西究竟哪兒壞了，然後修好它。現在，你能將括弧圖的繪製方法編成一個口訣嗎？」

「我肯定不行，媽媽，還是您來吧。」

見祺祺不願意，媽媽說：「好的，看我的。整體後面大括弧，幾大部分上下排；部分後跟小括弧，從上往下再細分，整體、部分更清晰。」

「媽媽，您真厲害。」祺祺羨慕地誇讚道。

被祺祺這麼一誇，媽媽也特別開心。

一天，媽媽對祺祺說：「我現在要考考你，下面這些哪些是屬於整體和部分，哪些不是？

1. 學校和教學樓

2. 媽媽和兒子

3. 窗戶和玻璃

4. 水彩筆和紅色水彩筆

5. 貓咪和鬍鬚

「1、2、3、5是整體和部分，4不是。」祺祺回答。

「4 為什麼不是？」

「我記得媽媽曾經說過，具體的事物才能分成整體和局部，水彩筆明顯不是指具體的事物，因為可以叫水彩筆的筆太多了，它應該指的是一種統稱。」

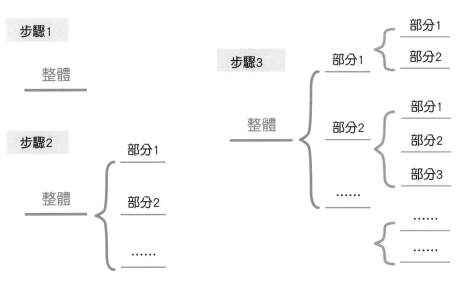

括弧圖繪製步驟

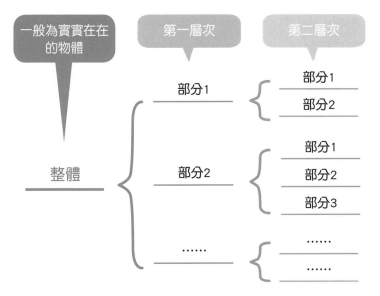

括弧圖拆分注意事項

媽媽點點頭，繼續問：「媽媽和兒子為什麼是整體和部分呢？」

　　「媽媽不是說過嘛，我是媽媽身上掉下來的一塊肉，那媽媽和孩子當然是整體和部分的關係啦！」祺祺歪著頭看著媽媽，肯定地說。

　　媽媽聽了禁不住笑起來，繼續問：「那你是媽媽身上的哪塊肉？快找找看，媽媽身上少了哪塊肉？」

　　聽媽媽這麼一問，本來思路很清晰的祺祺又迷糊了。

　　「上次我們說過自動鉛筆，你有沒有發現，少了任何一個組成部分，自動鉛筆都無法使用？」媽媽問。祺祺點點頭。媽媽繼續說：「具體的事物，缺少任何一部分都不是完整的。兒子從媽媽的身體裡出來後，媽媽還是一個完整的媽媽，沒有缺少任何一部分，所以你說，當媽媽是一個整體時，兒子是她的一部分嗎？是不是媽媽還是媽媽，還是一個整體，不缺少任何一部分，而兒子也是一個獨立的整體？」

　　「那兒子還沒有生出來的時候，媽媽和兒子是一個整體吧？」

　　媽媽沒想到祺祺會這樣問，點著頭說：「這個發現真棒，我都沒有想到。當寶寶還在媽媽肚子裡，沒有生出來的時候，他們確實是一個整體，但那時寶寶還沒有生出來，我們怎麼知道是男孩還是女孩呢？」

　　祺祺點了點頭說：「確實不知道是男孩還是女孩呢。」

　　「對，我們不知道，所以這裡說媽媽和兒子，肯定是已經生出來了，對不對？」

　　這時，祺祺點點頭表示明白了。

括弧圖的評量標準

內容	*使事物的拆分合理、完全，符合科學常識。 *層級畫分合理，歸屬關係正確。 *正確理解整體與部分的關係。
形式	*圖示繪製正確。 *文字大小適當、工整。

指手畫腳

　　一天，媽媽拿出一張括弧圖和一張自我評量表給祺祺看，說：「檢測一下，看看這個小朋友畫得怎麼樣。

　　「畫得滿好看的，色彩很豐富。」顏值控的祺祺總喜歡先說美觀度。

　　「其他方面呢？拆分得怎麼樣？」

　　祺祺仔細對照了一下評量表和括弧圖說：「這個小男孩被分為頭、身體、手、腳和眼睛。」祺祺邊說邊指著相應的部位，然後驚喜地說：「胳膊和腿呢？裡面沒有啊！」

　　「有遺漏的話，就叫作拆分不完全，我們在拆分的時候一定要注意這一點。繼續看看，還有沒有其他問題？」

　　「這個小男孩被分為頭、身體、手、腳和眼睛。」祺祺又重複說了一遍，仍然邊說邊指著相應的部位，　突然，他疑惑地問：「媽媽，眼睛是長

在頭上的，這兒怎麼和頭放在一個層級了？就是您說的兒子和父親放在了一個層級上，這是不對的。」

「那應該怎麼辦呢？」

「應該放在頭的後面去。」

「這個小腦瓜不錯嘛。」媽媽稱讚地摸了摸祺祺的頭。「這兒把頭和眼睛放在了一個層級，是不對的，這種錯誤叫層級劃分不合理。根據你剛才分析的，這張圖有兩個嚴重的問題，一個是拆分不完全，另一個是層級劃分不合理，分析得都正確，真的非常棒。」媽媽邊說邊豎起了大拇指說：「給你一個讚。那麼接下來你畫一幅正確的括弧圖。」

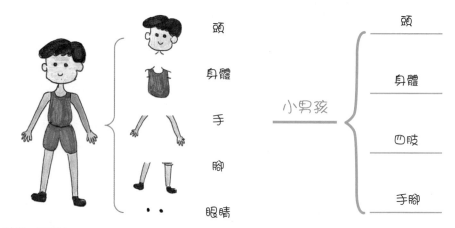

繪製：楊欣欣

自我評量	合適的選項請圈起來		
層級劃分合理嗎？隸屬關係是否正確？	是	一般	不是
拆分是否做到合理、完全？	是	一般	不是
圖示繪製是否正確美觀？	是	一般	不是

看到祺祺畫的括弧圖，媽媽很滿意。接著，她又拿出一張圖遞給祺祺說：「你看一下這張圖有什麼問題。假如你毫不費力就發現了問題，說明你真正掌握了樹狀圖和括弧圖的本質區別。」

祺祺看了一下後說：「很清楚，滿好的啊。」

「再仔細看一下，看看哪裡有問題。」

「哦哦，我知道了，這張圖其實畫的是分類而不是拆分。他畫錯了，畫成樹狀圖就對了。」

「具體說一下。」媽媽追著說。

「筆劃+偏旁+結構，並不能構成一個具體的字，只有具體的筆劃才能組成字。這張圖作者想表達的意思有兩個，第一個是任何漢字都是由筆劃組成的，第二個是任何一個漢字都可以按偏旁在左、還是在右分類，或者按上下結構分類，所以，這兒畫成括弧圖顯然是不對的。」

看著祺祺說得頭頭是道的，媽媽滿意地點點頭。

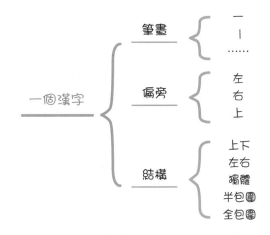

這是錯誤的括弧圖，應該用樹狀圖。

訓練拆分能力的教具

訓練孩子拆分能力的教具有很多，適合小孩子的有各種款式的積木；適合大孩子的，有樂高、拼圖等。

括弧圖和樹狀圖的異同點

　　括弧圖和樹狀圖看起來真的很像，很多孩子傻傻分不清。我們通過雙氣泡圖，來瞭解一下它們的異同點。

　　相同點，一目了然。它們都是美國大衛・海勒博士的八種思維圖中的一種，都是通過練習就可以熟能生巧的思維工具。

　　不同點，也相當好理解。從功能上看，括弧圖是拆分，樹狀圖是分類；從分析的物件上看，括弧圖中需要拆分的事物要有具體名稱，而樹狀圖中需要分類的一般都是事物的統稱，是虛詞；從形式上看，括弧圖從左向右畫，樹狀圖從上往下畫。

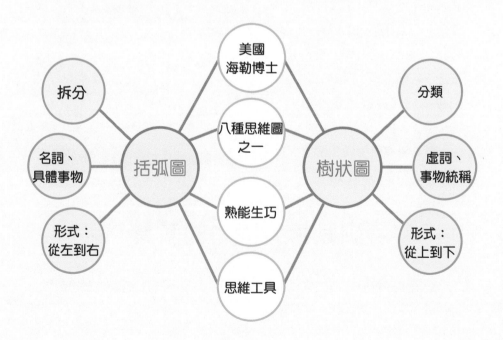

本章小結

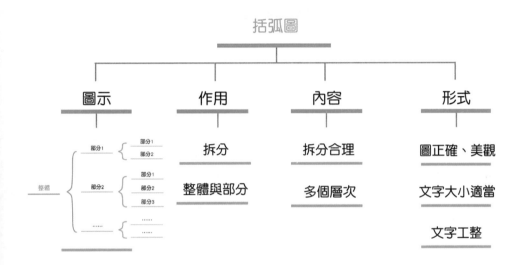

知識點回顧

1.括弧圖的繪製口訣是什麼？

整體後面＿＿＿＿＿＿括弧，幾大部分＿＿＿＿＿＿排；

部分後跟＿＿＿＿＿＿括弧，從上往下再＿＿＿＿＿＿，整體、部分

更清晰。

2.將括弧圖的評量標準填寫在下面的圖中。

3.按照括弧圖的評量標準，用自己的話評量一下這幾張圖。

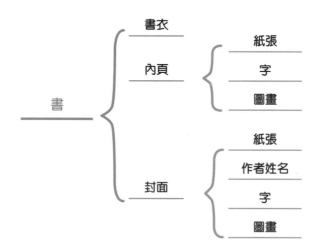

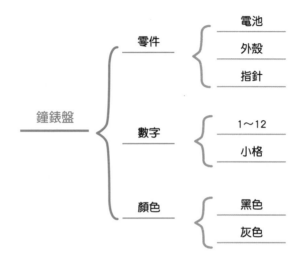

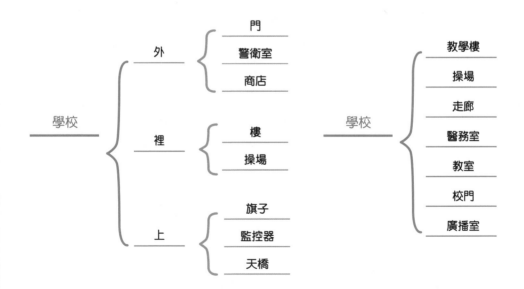

基礎應用

挑選一個你最喜歡的物品，這個物品可以拆分成幾大部分？每一大部分又可以拆分成幾小部分？用括弧圖呈現出來。

觀察一個你喜歡的小動物，並且用括弧圖畫出它的組成。

任務挑戰

挑選一本繪本，思考一下它的寫作結構，並且用括弧圖呈現出來。

隨著科技的發展，機器人已經以越來越多的形式走進我們的生活中，想像一下你心目中理想的機器人，並且用括弧圖呈現出它的組成。

分類和拆分綜合練習

在自己的家裡，你最愛待的地方是自己的房間還是客廳，或是其他什麼地方？你為什麼喜歡那裡呢？將裡面放置的物品分類並用樹狀圖呈現出來。挑選出裡面你最喜歡的一個物品，看看可以怎麼拆分它。

基礎篇

第三部
順序和因果

流程圖
用123步驟解決問題

流程無處不在地存在於我們生活中的方方面面。

——佚名

　　凡事都有流程和步驟。所謂步驟，就是把一件複雜事情的過程拆解成簡單的一個個小步驟，也就是細節化。這種方法能幫助孩子更加快速、高效、輕鬆地學會做比較難的事情，消除畏懼困難情緒。

什麼是流程圖

　　流程圖用來表示一件事情的發展順序或執行步驟，在我們的日常生活和學習中它的應用十分廣泛。比如，我們穿衣吃飯、洗臉刷牙、走路、思考問題、寫作等，幾乎做任何事情都是有步驟的。

　　流程圖能幫助孩子瞭解活動的流程、做事情的步驟，或者一個故事

的情節發展，也能夠輔助孩子按順序整理資訊，方便記憶，是我們生活中必不可少的一種思維工具。

在流程圖中，方框內填寫代表階段或步驟的內容，用箭頭表示方向。如果某一個階段或步驟比較複雜，或者本身有許多步驟組成，那麼可以在這個階段的方框下面添加子流程。若子流程之間有明確的先後關係，則在子流程之間也要添加表示方向的箭頭。

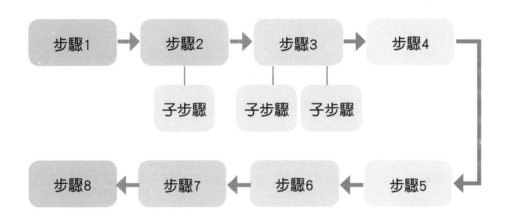

場景1

一天，祺祺從外面玩回來後，嘟嚷著說：「碩碩真笨，連袋鼠跳都學不會。」這立刻引起媽媽的好奇，問：「袋鼠跳是什麼？」

祺祺答：「就是把雙腳放在一個大袋子裡，然後雙手提著袋口的兩側向前跳啊，超級簡單的。」

看著祺祺一臉不屑一顧的表情,媽媽說:「好像很好玩,教教我吧,我也想學。」媽媽找出了一個從超市拿回來的大購物袋,說:「你示範一下。」

祺祺將雙腳放到袋子裡,腳併攏後用手提著購物袋口的兩側,然後向前跳,穩穩地落在了前方。

輪到媽媽了,媽媽將雙腳放到袋子裡,但她故意讓雙腳保持一定距離,然後用手提著購物袋口的兩側向前跳,搖搖晃晃地差一點跌倒。於是媽媽皺著眉頭,疑惑地問:「怎麼回事?我做的和你是一樣的動作啊。」

祺祺又示範了一遍。

媽媽說:「不行不行,你得做一步說一步,這樣我才能學會。」於是媽媽又找來一個購物袋,說:「你發出的每一個指令,我都會照做。」

祺祺說:「第一步,將雙腳放在袋子裡。」雖然他未說將雙腳併攏,但是他的雙腳一放進去就併攏在一起。「第二步,兩手抓住袋子。」說著,他用手抓住了袋口的兩側。

媽媽問:「左手抓身體左側的袋口,右手抓身體右側的袋口,不能抓偏了,是嗎?」

祺祺愣了一下,有意識地重新抓了一下身體兩側的袋口,然後說:「第三步,跳。」

他又穩穩地落在了正前方。而媽媽,同樣差點摔倒。

這時媽媽自嘲地說:「難道我和碩碩一樣笨?不可能啊,一定有原因。兒子,快幫媽媽找一找問題。」媽媽說著向祺祺投去了求助的眼神。

媽媽的示弱激發了祺祺的強者心理,他說:「媽媽,我們來看看,我和您的動作究竟有什麼不同。」

於是開始重複第一個動作。祺祺很快就發現了媽媽沒有併攏雙腳,他像發現新大陸似的驚喜地說:「媽媽,您沒有把腳併攏。快,併攏一下。」

按照祺祺的指令,媽媽也穩穩地跳到了正前方,她開心地說:「我終

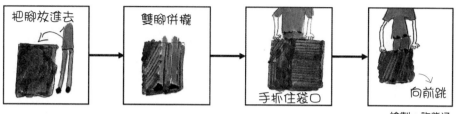

把腳放進去　雙腳併攏　手抓住袋口　向前跳

繪製：許紫涵

於學會了，謝謝你，兒子。」

看著同樣開心的祺祺，媽媽說：「兒子，在你說的第一個步驟後面，加上第二個步驟將腳併攏就跳成功了。那麼袋鼠跳一共是四個步驟，我們可以用一個思維圖呈現出來。」說著，媽媽拿起一張紙橫著放在面前，然後畫出了下面這幅圖。

媽媽指著圖說：「兒子，你看，這是不是說清楚了袋鼠跳的整個過程？」

祺祺點點頭。

媽媽繼續說：「這叫作流程圖，當我們要學習一樣新技能的時候，可以用流程圖來說明我們必須掌握正確的步驟。明天你用這個步驟教碩碩，看看他能不能學會袋鼠跳。」

祺祺拿著這張流程圖看了半天，突然說：「我發現流程圖應該叫『耐心圖』。」

這回輪到媽媽迷惑了。

看著媽媽一臉茫然的樣子，祺祺笑著說：「就是把要做的事情，耐心地一步一步記錄下來，然後再有耐心地講給別人聽。」

媽媽也笑了起來，拍了拍祺祺的小腦袋說：「真棒，有自己的看法。不過有時有些步驟不能省略，有些步驟則省略，這就看你的思維小人怎麼判斷了。」

第二天，祺祺開心地向媽媽描述了他教碩碩袋鼠跳的整個過程，並且誇碩碩變聰明了。

　　媽媽幫祺祺計畫的學習策略是：每年掌握一項新技能。今年暑假計畫學習的是游泳。已經學了幾天，祺祺也嘮叨說他已經學會了蛙式泳游，於是媽媽決定考一考祺祺。

　　「兒子，蛙式是怎麼泳的啊？」旱鴨子媽媽問。

　　「這樣泳。」祺祺邊說邊將手往身體兩側劃動，做出游泳的動作，同時腿也做出了相應的動作。

　　「不行不行，這樣我看不懂。」媽媽被祺祺的可愛模樣逗樂了。「你分成幾個步驟講給我聽吧。第一步做什麼，第二步做什麼，第三步做什麼……」

　　沒想到祺祺乾脆趴到了地上，游起泳來，但他還是說不清楚先做什麼動作、後做什麼動作。

　　媽媽提醒說：「上游泳課時，老師是不是教你這樣在地面上游的啊？他當時是怎麼教你的呢？」

　　「先這樣。」祺祺努力地回憶，同時將雙手由胸前向前劃去。劃到正前方的時候，兩條腿像青蛙起跳一樣迅速地蹬了一下，說：「然後重複就可以了。」

　　祺祺雖然能比畫出來了，但是無法用語言正確表達出來，媽媽只好出馬了。

　　媽媽說：「我現在將你的動作描述一下，你看看對不對，第一步，雙手由胸前向頭部方向推動，直到雙臂伸直。第二步，雙手往身體兩側畫圓，當雙臂呈水平方向時，將雙手收回到腰部。」說到這兒，媽媽問祺祺：「是不是做第二步這個動作的同時，腿也要動？」

　　祺祺點點頭，並做出相應的動作。媽媽認真看了他的動作後描述：「雙腿向內收再往兩邊45°方向用力蹬去，然後迅速併攏。」

　　媽媽描述完後，拿出一張A4大小的白紙，在左上方畫了一個長方形，

在方框內寫上「雙手往頭部推動」，然後在方框右側畫了一個箭頭，箭頭後面又畫了一個長方形，裡面寫上「雙手往身體兩側畫圓」。然後媽媽問祺祺：「這樣能看出什麼問題嗎？」

「只寫了手部動作，腿的動作還沒寫呢。」祺祺學會搶答了。

「說得對，有了這些是不是就發現，雖然大步驟說了，但還有很多細節沒有說清楚？比如，雙手往頭部推動，是從什麼位置開始呢？腿前、胸前，還是其他什麼地方？雙手推動到頭部什麼位置呢？臉前、頭頂還是頭頂上方？這些統統沒有說清楚。」媽媽頓了一下又說：「那我們改一下。」

媽媽拿起筆，在第一個長方形下方又畫了兩個稍微小一點的長方形，左邊的方格裡寫「由胸部開始」，右邊的方格裡寫「直到雙臂伸直」。

停筆後媽媽說：「這樣描述，是不是清楚多了？你看，由胸部開始和直到雙臂伸直，這兩個動作之間是有先後關係的，所以我們可以用箭頭將這兩個步驟連接起來。」她邊說邊畫著。「剛才完成的是第一大步驟。現在我們再看看第二大步驟，雙手往身體兩側畫圓的同時，雙腿也做了一個複雜的動作，因此在第二步驟的方框下面，我們需要畫三個小框，裡面分別寫上雙腿向內收、雙腿往兩邊45°方向用力蹬、雙腿迅速併攏。」媽媽邊說邊完成了操作。

「其實游泳的步驟還是很複雜，這裡主要想說的，就是步驟複雜時，

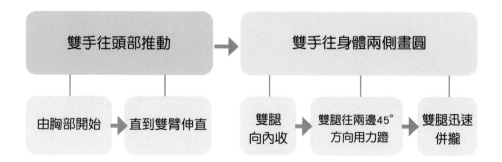

可以拆分成子步驟，並且當子步驟之間有明確的先後順序時，同樣要用箭頭連接。」

祺祺看著這張圖，問媽媽：「這張圖看起來好難啊。」

「這就是將你剛才的動作用文字寫出來了，要是你覺得寫文字難，可以用圖畫出來。」媽媽停頓了一下說：「你還記得我剛才畫的順序嗎？」

祺祺點點頭。媽媽指著下圖繼續說：「在畫流程圖的時候，我們需要注意四個重點：一是每個框中寫一個步驟。二是箭頭方向表示的是順序，因此不能畫反了。三是大步驟和子步驟之間要用小豎號連接。四是如果小步驟之間有明確的順序關係，用箭頭連接。」

「媽媽，這有點難耶。」祺祺為難地說。

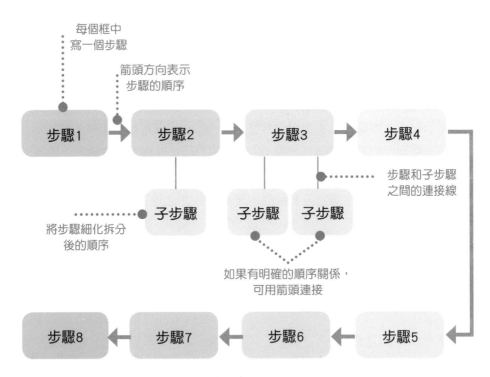

流程圖繪製注意事項

「嗯，那這樣念看看會不會容易一些：一個框內一步驟，箭頭指向下步驟；大步驟下小步驟，順序明確加箭頭。」媽媽邊說邊用手指著流程圖相應的位置。

祺祺點頭，隨即說：「我知道了，這樣就把這一塊內容放大了，就好像我的思維小人拿了一個放大鏡，找出了我游泳時雙腿和雙臂沒有伸直的問題。」說著，祺祺就拿起筆開始畫起來。

看著這張圖，媽媽問：「你游蛙式的時候，頭一直浮在水面上嗎？」

「是啊，因為我不敢把頭埋下去，所以一直都是在水面上的。」

「哈哈，真是膽小鬼。好吧，頭在水面水中都一樣，重要的是學會就行。接下來你自我評量一下吧。」

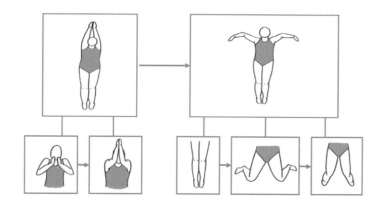

祺祺自我評量完之後，媽媽繼續問：「你覺得有哪些事情可以畫出流程圖？」

祺祺想了想說：「走路、吃飯、寫作業……好像所有的事情都有流程啊。」祺祺停頓了一下糾正：「不對，我眼睛一直睜著就沒有流程。」

見祺祺主動思考，自問自答，媽媽笑著解釋說：「睜著眼睛是一種狀態，不是一件事情。所有的事情都有流程和步驟，像是洗手、踢球、折紙等，都有步驟。」

序號	自我評量	合適的選項請圈起來		
1	流程圖的步驟數量	2～6個	7～11個	12個以上
2	步驟是否精練、準確、清楚	是	一般	不是
3	箭頭方向是否正確	是	一般	不是
4	圖示繪製是否正確、整潔、美觀	是	一般	不是

家長的訣竅

流程圖的評量標準

內容	數量	步驟數量適中（不囉唆、說清楚，一般不超過10個）
	品質	*步驟安排詳細簡略適當，不會太詳細，也不會太簡略。 *步驟可以操作，符合事實 *步驟描述精練、準確、清楚
形式		＊方框、箭頭繪製規範，正確理解子步驟的含義 ＊圖示繪製美觀，文字大小適當、工整

指手畫腳

每個週末，祺祺和媽媽都會去超市採購。這次出發前，媽媽依序拿出三張購物的流程圖，讓祺祺評論。

看著第一張圖，祺祺念了一遍後，肯定地說：「這張流程圖非常不錯。」

圖1

「好在哪兒呢？」媽媽追問。

祺祺立刻找出前兩天的評量表對照著，信心滿滿地說：「這張圖的步驟數量是五個，不多不少；每一步寫的內容都很少，就是很精練。我覺得完全符合購物的步驟，所以準確、清楚；箭頭方向都是從左到右，是一個方向，沒有問題。沒有塗塗改改的痕跡，字也很美觀。所以，整體來說，是非常棒的一張圖。」祺祺照葫蘆畫瓢，搖頭晃腦地完成了評論。看得出來，有了評量表的加持，他充滿了信心。

「你真的非常棒。」媽媽稱讚後接著問：「最後一步是回家，那麼對應的第一步應該是什麼呢？你現在寫的是推購物車，想一想，對不對呢？」

「回家對應的是去超市。」

「是啊，所以前面要是加上去超市的話，整個流程才會更加完整。還有，一般選購商品時，你是怎麼做的？」

「推著購物車選東西啊。」

「我們每次買東西的時候，是在一個區域拿好需要的東西再去另一

區，還是在各個區域來回走，拿不同的東西？」

「都是一區一區地買啊，每次都是先去蔬菜區，然後去零食區，最後再去生活用品區。」

「非常好。」媽媽說著又遞了一張流程圖給祺祺。「第二張圖和第一張比起來，怎麼樣？」

圖2

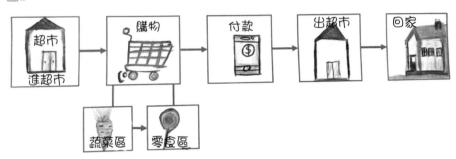

「和上一張有個同樣的問題，就是回家沒有對應的步驟，需要加上去超市。它的步驟很簡潔，詞語很精練，箭頭方向也是對的。不同點就是在購物這個步驟下面有子步驟。」

可能因為學過雙氣泡圖的關係，祺祺竟然不知不覺中使用了雙氣泡圖中的要求，先比較相同點，再比較不同點，而且不同點一一對應。

對於祺祺的表現，媽媽感到滿意與開心。她誇完祺祺後又遞過去第三張圖。

祺祺只看了一眼，就驚呼：「這個流程圖好詳細喔，簡直和我們逛超市的步驟一模一樣。」

「那你看看有沒有一些不太重要的步驟，可以去掉？」媽媽問。

「都需要啊，要怎麼刪除？」祺祺疑惑地問。

「時間花超短的、不涉及其他人和其他事的、不重要的步驟都可以去掉。」

「出門、出超市可以去掉。」

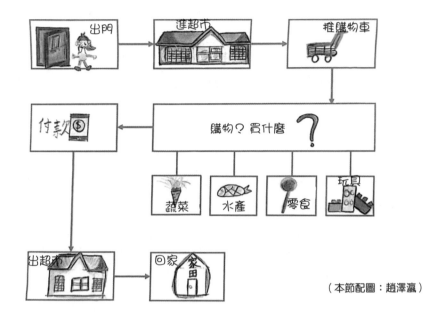

圖3

（本節配圖：趙澤贏）

媽媽點點頭說：「可以。」然後又補充說：「對於特別複雜的事情，步驟可以多一些，但對於簡單的事情，一般步驟都比較少。」

考考你

一個週末，碩碩和果果來家裡玩。

「孩子們，今天我想考考你們，看誰能用最短的時間做好三道菜來招待客人。」看孩子們都豎起了小耳朵，媽媽一本正經地說：「現在，計畫做韭菜炒肉絲、清蒸魚、煎雞蛋三道菜，需要你們思考備菜、燒菜的問題。假如洗、切韭菜：5分鐘；切肉絲：6分鐘；炒韭菜肉絲：5分鐘。殺魚：4分鐘；蒸魚：15分鐘。攪拌雞蛋：1分鐘；煎雞蛋：3分鐘。問題來了：最少需要多久時間做好這三道菜？」

腦子轉得特別快的果果，立刻搶著說：「39分鐘。」

其他孩子也紛紛附和。

一看孩子們僅是簡單地將時間進行了累加，媽媽立刻啟發：「一次只做一件事情，確實是需要 39分鐘，如果同時間做幾件事情呢，會不會用的時間少些？你們分別想一想。」

　　碩碩和果果你一言我一語討論的同時，只見祺祺低頭在一張紙上畫了起來。

　　過了一小會兒，果果說：「我知道省時間的方法了，殺魚4分鐘，然後開始蒸魚15分鐘，蒸魚的同時可以洗韭菜和切肉絲，所以不算時間；魚蒸好後，炒韭菜肉絲5分鐘，然後攪拌雞蛋並煎需要4分鐘，這樣一共只需要28分鐘。」果果說完後期待地看著祺祺媽媽。

　　媽媽誇道：「很好，一下子節約了11分鐘。」媽媽轉頭看向祺祺，問：「你呢？」

　　只見祺祺遞給媽媽一張流程圖說：「假如只有一個鍋可以使用，我覺得果果說的是對的。假如有兩個鍋可以同時使用，我覺得只需要24分鐘就可以了。」

　　果果和碩碩都好奇地伸過頭來看。只見果果拍了拍頭說：「我怎麼沒有想到蒸魚的時候可以去煎雞蛋呢？」說完，他朝祺祺投去羨慕的目光。

　　「祺祺，你是怎麼做到的，給大家講講。」媽媽鼓勵他。

　　「之前媽媽教過我流程圖，而且每次看媽媽炒菜都是有步驟的，所以我就想到了用流程圖；剛才媽媽又提醒說哪些事情可以同時做，我一看就

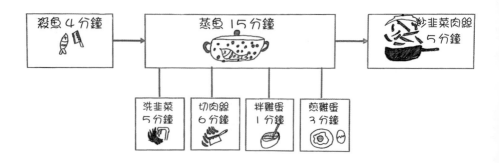

知道這樣是最節省時間的。」祺祺自豪地說。

　　這時碩碩也說：「祺祺，你也教過我流程圖，但是我剛才卻沒有想到。你真棒！」

　　「祺祺，你也教教我流程圖啊。」果果急忙說。

　　「好啊。」祺祺答應著，然後三個孩子你推我擠地走去祺祺的房間。很快，房間裡傳出祺祺講授流程圖的聲音。（本節配圖：董鏵鍇）

訓練流程能力的遊戲或教具

　　孔明鎖的起源：孔明鎖，也叫八卦鎖、魯班鎖。相傳是三國時期的諸葛孔明根據八卦玄學的原理發明的一種玩具，曾經廣泛流傳於民間。它對放鬆身心和開發大腦均有好處，是老少皆宜的休閒玩具。孔明鎖看上去很簡單，其實內中奧祕很多，不得要領很難完成拼合。

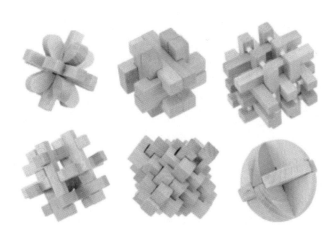

本章小結

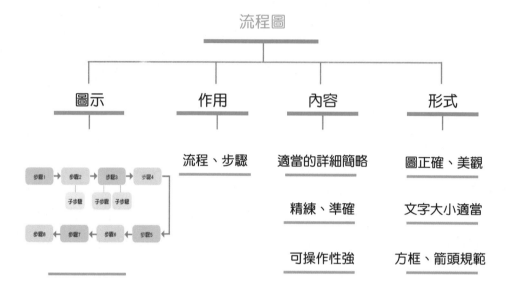

流程圖

圖示　　　　作用　　　　內容　　　　形式

流程、步驟　　　適當的詳細簡略　　　圖正確、美觀

精練、準確　　　文字大小適當

可操作性強　　　方框、箭頭規範

知識點回顧

1.將流程圖的繪製口訣寫下來：

一個框內一_____，_____指向下步驟；

大步驟下小_____，順序明確加_____。

2.將流程圖的評量標準填寫在下面的圖中：

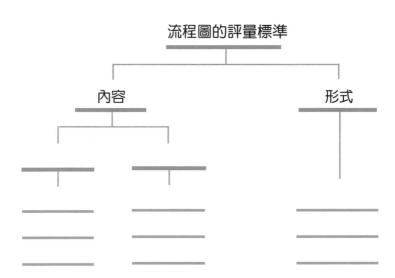

3.按照流程圖的評量標準，用自己的話，評論一下這二張圖。

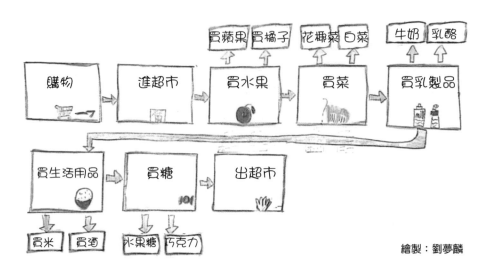

繪製：劉夢麟

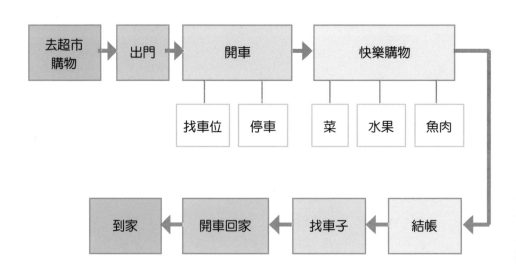

基礎應用

　　語文書中，是不是有很多課文裡都有表示流程或步驟的內容？找出你喜歡的，繪製成流程圖。

　　流程和步驟在我們的學習和生活中無處不在。選出你最喜歡做的一件事情，用流程圖呈現出來。

任務挑戰

　　每天，我們都能吃到爸爸媽媽做的美食。觀察他們做飯的流程，用流程圖呈現出來，看看能不能幫助他們節省時間。

　　假如你現在八十歲，你能用流程圖畫出你之前每十年都在做什麼嗎？

複流程圖
問題看得更透澈，
加深理解問題的深度和廣度

誰沒有用腦子去思考，到頭來他除感覺之外將一無所有。

——歌德

遇到問題時，有的孩子只會簡單地描述他所看到的過程，而不知道事情為什麼會發生，又會產生什麼樣的後果。這是因為孩子一方面沒有思考的意識，另一方面不知道如何思考。

什麼是複流程圖

複流程圖主要用來分析某一現象發生的原因和結果，在生活和學習中使用得非常普遍。當遇到麻煩的問題不知如何解決時，就可以用它作為中心主題，分析它產生的原因和可能導致的結果。一件事情發生的原因和產生的結果可能是多方面的，在分析的過程中，可以鍛鍊多角度思

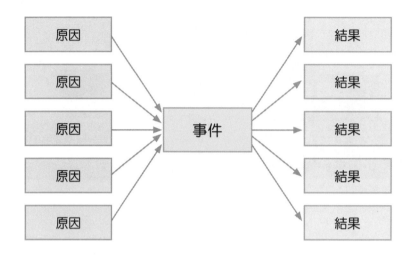

考，有助於更深刻地認識事物，並且能夠有理有據地表達自己的觀點，找到有效解決難題的辦法。

複流程圖中間的大方框用來填寫主題事件的名稱，左邊的方框用來表達引發這件事情的**原因**，右邊的方框用來填寫這件事情發生後可能產生的影響或導致的**後果**。每個箭頭都從原因出發，指向事件，再由事件出發，指向結果。

時間過得飛快，祺祺又迎來了新的一學期。

九月一日，上學的第一天，祺祺放學回家後遺憾地說：「同班同學又多了幾個人戴上了眼鏡。」

媽媽驚訝地問：「是嗎？真是太可惜了！你覺得是什麼原因讓他們變近視了？」

　　「打電玩、看電視、滑手機和平板。」祺祺一下子將影響視力的幾大兇手列了出來，這應該也是他的經驗之談。

　　「你說的這些屬於不良行為，除了這些，還有其他不良行為嗎？」

　　「趴著寫字、點著蠟燭看書。」祺祺想起了他因為寫字姿勢不正確而多次被媽媽說教的事情，還有停電時看書的經歷。

　　「很好，那麼除了自身的不良行為，還有哪些不受自己控制的原因可能導致近視呢？」媽媽問。

　　祺祺想不出更多了。

　　媽媽啟發地說：「火災、交通事故、化學物品等，是不是都可能讓眼睛近視？」

　　「火災中被濃煙燻了，事故中玻璃渣進眼睛了，硫酸進眼睛了⋯⋯」一經啟發，祺祺就聯想開了。

　　「圓圈圖學得不錯。」媽媽順嘴誇他。「還有一種可能，你應該想不到，就是很多老年人常患的一種疾病，叫白內障，眼睛就看不清楚了。」媽媽頓了一下，又說：「剛才我們說到原因，你有沒有發現，一種是自己可以控制的，如不良行為；一種是天災人禍、意料之外的事情；還有一種是人體器官老化的生理現象。這是三個不同的角度。」

　　接著媽媽問：「你有沒有觀察你身邊那些近視的同學，近視可能帶給他們的影響或後果有哪些呢？」

　　「看不清東西、配眼鏡花錢、睡覺起床和洗漱時又取又戴的很麻煩、被同學嘲笑四隻眼，還有不能當兵了。」祺祺根據自己的生活經驗說了一些結果。

　　整體來說，品質還是很高，自從學了思維圖之後，祺祺的觀察能力越來越強了。在和祺祺溝通的過程中，媽媽同時在紙上畫了一個圖。

她指著圖說：「這張圖上寫的都是我們剛才討論的，這個叫複流程圖，它幫助我們分析某一現象可能產生的原因和可能帶來的結果。你看，中間寫著『眼睛近視』這件事，左邊寫的都是眼睛近視的原因，右邊寫的都是眼睛近視的結果。剛才我繪製的步驟，你還記得嗎？」

「我試一下。」祺祺說：「第一步，在紙的中間畫一個長方形，裡面寫上『眼睛近視』；第二步，在紙的左側畫幾個長方形，裡面寫上我們剛才想到的原因，每寫一個您都會畫一個箭頭指向中間的長方形；第三步，從中間的長方形出發，畫箭頭，指向紙張的右方，然後在裡面寫上想到的結果。每一個箭頭對應著一個結果。」

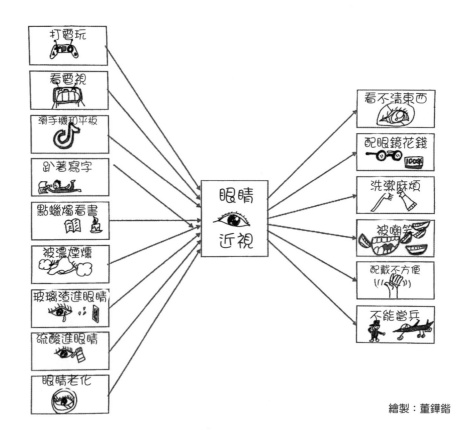

繪製：董鏵鍇

「哇，說得好清楚啊！」媽媽禁不住誇了祺祺，然後說：「我們可以將剛才的步驟簡化一下：中間事件是現象，左邊原因指現象，現象右邊指結果，箭頭方向寫正確，切記切記。」

祺祺將剛才媽媽的話複述了一遍後說：「媽媽，您真厲害，這樣確實好記了很多。」說完，祺祺就趴在桌子上開始畫起來。

祺祺畫好後，媽媽遞過來一個表格，說，你來自我評量一下吧。

沒想到祺祺表達得這麼準確，媽媽禁不住誇讚他：「怎麼樣，是不是發現自己很厲害？ 你的思維小人越來越厲害了，變成思考小達人了！」

祺祺開心地笑了起來。

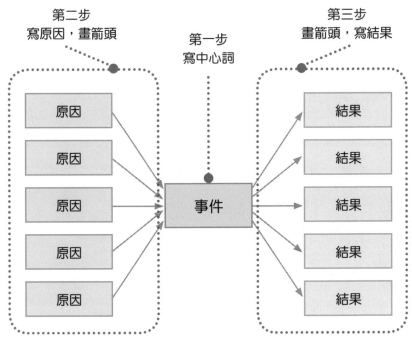

複流程圖繪製步驟

自我評量		合適的選項請圈起來		
1	分析出的原因數量	1～3個	4～8個	8個以上
2	分析出的原因角度	1～3個	4～8個	8個以上
3	分析出的結果數量	1～3個	4～8個	8個以上
4	分析出的結果角度	1～3個	4～8個	8個以上
5	箭頭方向是否繪製正確	是		不是
6	圖示繪製是否整潔、美觀	是	一般	不是

家長的訣竅

流程圖的評量標準

內容	數量	分析出多個原因和結果（4個以上）
	品質	＊分析出的原因和結果合理 ＊原因和結果的表述清晰、簡潔、完整 ＊從多個角度分析 ＊能在分析後得出新的想法和結論
形式		＊方框、箭頭繪製規範，正確理解子步驟的含義 ＊圖示繪製美觀，文字大小適當、工整

一天,放學後剛進家門,祺祺就拉著媽媽說:「碩碩今天上學遲到了,於是我就和他一起畫了一張關於遲到的複流程圖。」說完,祺祺把圖遞了過來。

看到祺祺已經由開始被動地接受媽媽的啟發,到現在能主動將學到的知識教給別的孩子,媽媽開心地表揚他:「祺祺,媽媽想表揚你幾點:一,你是一個熱心的人,能用自己學到的知識去幫助別人,這體現出你的品德好。二,你學以致用,這是個非常好的學習習慣。三,你知道嗎,教是最好的學,你摸索出了一個非常好的學習方法,說明你已經學會了思考。」

被媽媽這麼一誇,祺祺有些不好意思了。

媽媽隨即問:「在教碩碩的過程中,你有什麼感受?有沒有遇到什麼困難或疑惑?」

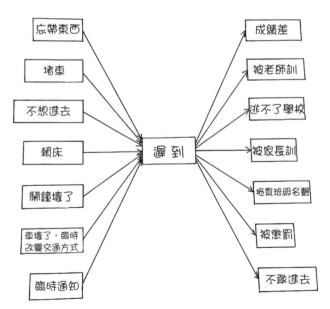

繪製:楊培堯

175

「媽媽，您講給我聽的時候，我覺得很簡單，可是當我說明給碩碩聽時，就有很多地方想不通了。」祺祺疑惑地說。

「什麼問題呢？」

「左邊的原因和右邊的結果，需不需要對應呢？您好像沒說，但是想到雙氣泡圖中，左右是需要一一對應的，我就覺得這兒也需要左右對應。」祺祺疑惑地說。

「記性真好。」媽媽想緩解一下祺祺的情緒，先誇讚他。「雙氣泡圖是好久以前學的，你還記得這麼清楚，說明你當時學得很紮實。媽媽確實沒有說在複流程圖中要不要左右對應，實際上呢，它們是不需要一一對應。在中心主題的左邊，盡可能多寫上可能發生的原因；在右邊，也盡可能多寫些可能發生的結果。」

祺祺還是顯得不太理解，他問：「媽媽，這張圖做好之後有什麼用呢？和碩碩一起做完後，碩碩說下次會遲到還是會遲到，畫這張圖耽誤了玩的時間，還讓我以後別浪費時間了。」

聽完祺祺的疑惑，媽媽說：「那麼我們現在一起來看一下遲到左邊的原因，你覺得裡面有哪些是自己的原因，哪些是自己決定不了的？」

祺祺看了一下答：「忘帶東西、賴床、不想去、臨時改變交通方式，這幾個都是自己的原因，是自己能解決的；剩下的堵車、鬧鐘壞了、學校臨時通知，是自己決定不了的。」

「那麼，從這些原因裡，你能分析出什麼結論嗎？」

「感覺遲到絕大部分原因是自己造成的。」

「這能說明什麼呢？」

「說明只要自己做好了，絕大部分時候是不會遲到的。」

媽媽肯定地點點頭，繼續問：「現在看看，可能產生的結果裡面，哪些是好的，哪些是不好的？」

「都是不好的。」

「那裡面對自己的不好結果有幾個？」

「成績差、被老師訓、進不了學校、被家長訓、不敢進去、被懲罰，有六個。」祺祺一一念道。

「還有一個拖累班級名聲，這個是對班裡的不好結果。你現在想想，遲到不但對自己有那麼多壞處，還影響到整個班級，你還要遲到嗎？」

「當然不要。」祺祺毫不猶豫地說。

「為了避免產生這些不好的結果，我們是否不應該遲到？怎樣才能不遲到呢？」媽媽繼續追問。

「自己能控制的那些事情，都不要發生。」

「怎麼才能不發生呢？」

「自己要努力。」

「好的，那麼到現在，你通過這張複流程圖，能得出一個什麼樣的結論？」

「努力不遲到，遲到了對自己、對班級都會有不好的影響。」

「總結得很棒，現在明白了嗎？這就是做複流程圖的意義！」

祺祺的小臉頓時由陰轉晴，他開心地大聲說：「媽媽，您問問題的時候，我發現我的思維小人沿著這條路一直走一直走，好像不找到目的地，他就不停下來一樣。」

媽媽真為祺祺高興，祺祺說的這個感受是深度思考的思維鏈。思維鏈越長，他思考問題就會越深入，對事物和問題的認識也會越深刻。

「那麼，還記得那張自我評量表（參見P174）嗎？現在，我們一起對照著，看看你和碩碩做的這張圖的品質怎麼樣。」

過了一會兒，媽媽問：「怎麼樣，發現什麼問題了嗎？」

「嗯，我現在能看到的問題就是，我們沒有畫箭頭，畫的都是線；還有，塗塗改改的，不夠好看。」

「那麼我們再來看看角度，原因的角度有幾個？」

「有自己能控制的、自己不能控制的，可以算2個。」

「那結果呢？有幾個角度？」

「這個剛才說過，是2個，會影響自己和班級。」

「分析得非常好，通常我們在繪製複流程圖的時候，需要大於或等於3個角度，也就是多個角度。這張圖中的角度還不夠，以後我們可以有意識地去增加。」

見祺祺的情緒已經恢復自信，媽媽繼續問：「在你們畫的這張圖裡面，所想到的原因和結果，是不是都有可能發生呢？」

「當然啊，我和碩碩想了很久呢。」

「非常好。分析出的原因和結果都合理，這是這張圖的一個大優點。那你能想出一些不合理的原因和結果嗎？」

「當然能啦，比如說遲到是因為地球毀滅、外星人入侵、發生靈異事件等，結果是得到家長表揚、遇到外星人等，這些都不可能發生。」祺祺自信地說。

看到祺祺不斷進步，媽媽看在眼裡，喜上心頭。

親子一起動動腦

當我們覺得孩子身上出現了一些不太好的現象或想引導孩子深入思考時，都可以用複流程圖去引導他們。比如，打動玩上癮、不講衛生、亂扔東西；或是，媽媽今天特別開心，妹妹感冒了，《龜兔賽跑》中小兔子輸了等。

訓練分析能力的遊戲或教具

5why分析法

即「5 問法」，就是對一個問題連續問 5 個「為什麼」，以追究其根本原因。

雖然叫「5個為什麼」，但在使用時不限定問幾次，有時可能只要3次，有時也許要問10次，直到找到根本原因為止。這可以培養孩子打破砂鍋問到底的精神，提高孩子分析問題的能力。

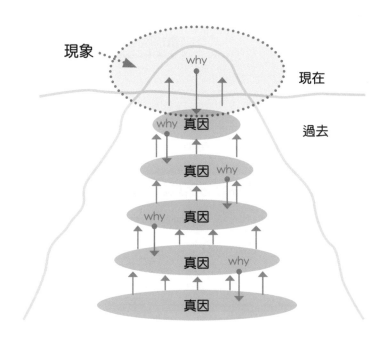

本章小結

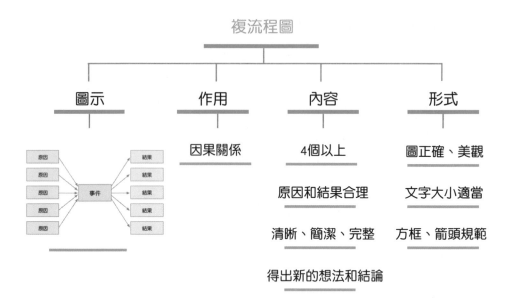

複流程圖

圖示 作用 內容 形式

因果關係　　　4個以上　　　圖正確、美觀

原因和結果合理　　文字大小適當

清晰、簡潔、完整　　方框、箭頭規範

得出新的想法和結論

知識點回顧

1.複流程圖的繪製口訣是什麼？

中間事件是現象，左邊＿＿＿＿指現象，現象右邊指＿＿＿＿＿，
＿＿＿＿＿方向寫正確，切記切記。

2.將複流程圖的評量標準填寫在下面的圖中。

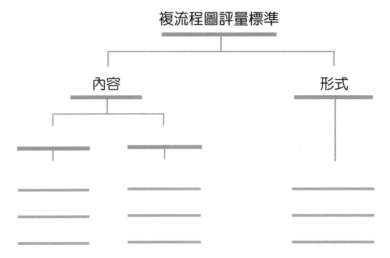

複流程圖評量標準

內容　　　　　　　　　　形式

3.按照複流程圖的評量標準，用自己的話，評論一下這幾張圖。

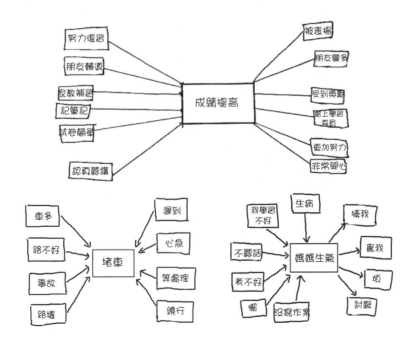

基礎應用

你是不是很喜歡玩遊戲呢？用複流程分析一下愛玩遊戲的原因，和可能帶來的結果。

假如你現在十八歲，收到了理想大學的錄取通知書，是不是很開心？那麼，用複流程圖分析一下，你考上理想大學的原因和可能帶來的結果吧。

任務挑戰

在生活中，你有沒有發現周圍會發生一些自己理解不了的事情和現象？嘗試用複流程圖分析產生這個現象可能存在的原因，和可能帶來的結果。

在所有的學科中，是不是有的你喜歡，有的你不喜歡？用複流程圖分析一下你喜歡的原因和可能帶來的結果。

順序和因果綜合練習

　　作為一個學生，完成老師交代的作業是天經地義的事情。那麼，每次寫作業時，你都經歷了一個什麼樣的流程呢？請用流程圖呈現出來。同時，你思考過學生為什麼要寫作業嗎？用複流程圖來呈現一下原因和結果吧。

基礎篇

第四部
類比

橋形圖
用打比方理解難懂的概念

類比法是「自然奧祕的參與者」和自己的「最好的老師」。

——天文學家開普勒

面對生澀的概念，面對難解釋的事情，有的孩子猶如水壺裡煮餃子——有貨倒不出，怎麼辦？善於利用打比方，也就是類比的方法，能幫孩子輕鬆地解決問題。

什麼是橋形圖

橋形圖用來類比事物之間的相似性。它是八種思維圖中的最後一個，相對於其他七個思維圖，橋形圖表達的邏輯關係最為抽象。

類比不僅是一種很常見的邏輯關係，還是非常重要的數學思維。它能幫助孩子分析、尋找事物之間的聯繫，將新舊知識進行串聯和歸納；

它能幫助孩子用熟悉的知識去理解抽象的概念，延伸學習新知識；它也能幫助孩子找到關係中的規律，學會舉一反三。因此學會橋形圖，對孩子而言有著重要的現實意義。

橋形圖裡，橫線上方和下方的空白處用來填寫一對事物，這對事物之間有明確的關係。像橋一樣隆起的部分，用來表示相似的關係，這也是單詞as（相當於）的含義。橋形圖兩端的事物關係，必須相同或相近，才能夠用橋將它們相連，如A1與B1的關係正如A2與B2的關係，也正如A3與B3的關係。

情景導入

.... 場景1 ....

一月底就要過春節了，所以今年的寒假來得特別早。每天，祺祺就自己在家裡，一心多用，聽小說、看電視、擺弄三國殺的牌同時進行，還時不時逗逗大貓咪。於是媽媽調侃地說祺祺的特長是能一心多用。

「媽媽，那您的特長是什麼？可不可以叫嘮叨一號？」祺祺盯著媽媽問。

「哈哈，我真的有那麼嘮叨嗎？」媽媽笑著追問：「那爸爸呢？他的特長是什麼？」

「那還用問，爸爸的特長當然是思維敏捷啦！」一說到爸爸，祺祺就特別自豪。

突然，祺祺問：「媽媽，您教了我那麼多思考的方法，有沒有一種方法能將我們三個人的特長用圖畫出來？」

看到祺祺越來越愛思考，有明顯的進步，媽媽開心地答：「當然有啦，這個工具叫橋形圖。」媽媽拿來一張紙、一隻筆，邊畫邊說：「我先教你畫一下。第一步，在白紙的左側中間位置寫上：A是B的特長。」媽媽解釋說，「這代表橋形圖上下兩個詞的關係。」

「第二步，在剛才寫的文字的右側，畫一條四個字寬度的橫線，橫線上寫一心多用，橫線下寫祺祺。」媽媽邊畫邊解釋：「一心多用是祺祺的特長，上面的詞是A，下面的詞是B，所以上下兩個詞是符合開始時設定的關係。」

「第三步，連著剛才的橫線，畫一條向右上方的短線條，然後再折向右下方、直到和橫線在同一條水平線上為止，這時看兩條折線，就像一座橋，橋形圖因此得名。在兩條折線之間，寫上『as』或『相當於』，表示後面再接內容的關係要和前面一致。接著剛才的折線，向右繼續畫水平橫線。」

媽媽停下筆，問祺祺：「這條橫線下寫『爸爸』，那麼橫線上寫爸爸的什麼？」

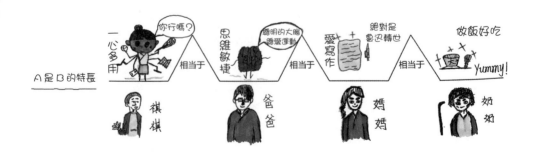

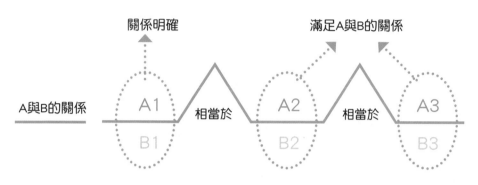

橋形圖繪製要點

「寫『思維敏捷』啊，爸爸的特長是思維敏捷。」祺祺很快回答。

媽媽一一寫了下來。接下來，同樣的步驟，很快寫出了媽媽的特長是「愛寫作」，奶奶的特長是「做飯好吃」等。

最後媽媽強調說：「上下兩個詞關係明確，後面的每對詞都符合這個關係，就是非常棒的橋形圖。兒子，媽媽能感受到你的進步，媽媽為你按讚。現在，你能將橋形圖的畫法編成一個順口溜嗎？」

被媽媽誇獎後的祺祺特別開心，他認真思考起媽媽的問題來，邊思考邊說：「一根橫線平地躺，上下關係要明確；橫線後面跟折橋，橋下藏著相當於；橋後仍然是橫線，線上線下關係同前面。」說完，祺祺咯咯咯地笑了起來，媽媽也跟著一起大笑。

場景2

除夕夜，全家人一起圍坐在桌子前包餃子、看電視播放的春節晚會。今年的餃子餡特別豐富，有祺祺最愛吃的豬肉韭菜、有媽媽特別愛吃的雞蛋韭菜，有爸爸最愛吃的豬肉白菜，還有奶奶愛吃的茴香。每個人的分工也不同，奶奶揉麵，祺祺壓小麵團，媽媽擀餃子皮，爸爸包餃子。等餃子

人類受大自然啟發的發明創造

從古至今，人類受到大自然啟發而發明的東西很多，比如，為了實現飛翔的夢想，萊特兄弟受到鳥的啟發而發明了飛機；人類受蝙蝠的回聲定位能力啟發而發明了雷達；瓦特受到蒸汽將壺蓋推起的啟發，發明了蒸汽機；牛頓根據蘋果落地，發現了萬有引力定律；阿基米德在洗澡的時候感受到水的浮力，從而發現浮力定律。

這些都是人類受到大自然的啟發而產生的高端發明。其實在我們的生活中還有很多類似的例子，比如，我們每天都面對的「鏡子」，就是早期的人類在水中、冰面上發現了自己的倒影，而受到的啟發，進而發現光滑的表面可以顯現出自己的模樣，最終發明了鏡子。刀、斧是古人被鋒利的石頭劃破了手腳，受到啟發製作出了石刀、石斧；發現金屬以後逐步有了現在各種材質的刀、斧。最早的船是古人根據木頭能漂浮在水面的現象，將木頭或竹子捆紮在一起做成的木筏或竹筏，人類掌握了浮力定律後逐步改進製成了木船。

皮全部擀好後，大家又一起幫爸爸包餃子。祺祺發現每個人包的餃子各有特色，比如，自己包的餃子像趴在那兒似的；媽媽包的餃子有花邊，看起來很漂亮；爸爸包的餃子圓滾滾地像裡面放了個肉丸；奶奶包的餃子餡特別多，整個餃子鼓鼓的呈扇狀。

餃子包得差不多的時候，祺祺突然說：「媽媽，等一下，我回房間一下。」

過了一會兒，祺祺從房間走出來，手裡拿著幾張圖。

媽媽一看：「哇，真好啊！兒子，這是你準備送給媽媽的新年禮物嗎？」

祺祺不好意思地笑了，然後說：「媽媽，我先來自我評量一下。」

等祺祺自我評量完後，媽媽問：「怎麼樣？」

祺祺有些害羞地說：「還不錯，基本都符合您之前說的要求。我在思考的過程中發現，只要我的思維小人緊緊拽住一根線，就不會走丟。最重要的是我得先找出這根線。」

「什麼線？」媽媽心裡明白，但壓住內心的激動，繼續追問。

「就是做類比的時候的一根關係線，我做類比的內容都是根據這根線填寫的。」祺祺雖然說的不是很清楚，但媽媽知道祺祺已經掌握了類比。

媽媽滿意地點著頭，正準備說些什麼，這時爸爸接過話說：「兒子學得好有兩種可能，一種是媽媽教得好，另一種是兒子本身學得認真。」

爸爸的話才說完，祺祺就搶著回答：「是媽媽教得好。」

「真是個小馬屁精。」媽媽嘴上雖然這麼說，但從臉上可以看出，心裡開心極了。

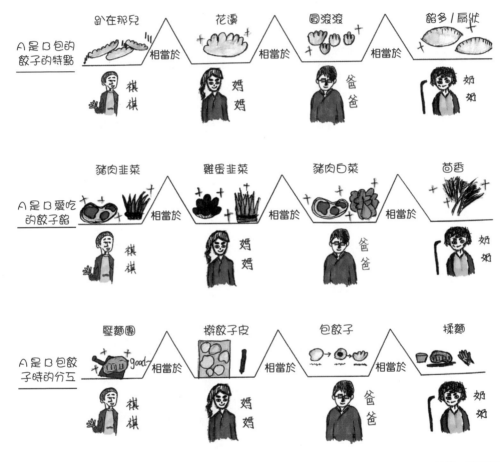

繪製：閆鑫碩

	自我評量	合適的選項請圈起來		
1	尋找到的關係相同的組合數量	1～3個	4～8個	8個以上
2	類比組合是否有新意	是	一般	不是
3	類比是否符合科學常識	是	一般	不是
4	圖示繪製是否正確、整潔、美觀	是	一般	不是

家長的訣竅

橋形圖的評量標準

內容	數量	盡可能多的尋找關係相同的組合
	品質	＊上下兩個事物間有明確關係，每組事物間的關係相同 ＊類比出的組合有新意，符合科學常識
形式	＊圖示繪製正確、美觀 ＊文字大小適當、工整	

一個週末的下午，媽媽正在收拾，突然祺祺走過來，拉著媽媽說：「媽媽，剛才我給碩碩、果果講橋形圖了。您看這兩張，一張是碩碩畫的，一張是果果畫的。您先猜猜看，他們畫的分別是哪一張？」

「這還用問啊，上面這張是碩碩畫的，下面這張是果果畫的。」
「媽媽好厲害啊！」祺祺投來敬佩的目光：「您怎麼猜到的？」
「你還記得雙氣泡圖嗎？我是用雙氣泡圖做對比。」媽媽得意地說：「再過一段時間，等你學得更多一些的時候，你也能輕鬆做到的。」

祺祺點點頭，說：「媽媽，我和他倆約好了，晚上講評他們的作業。現在我想說一下這兩張圖，您教我一下，看我哪兒說的不好。」

祺祺開始主動學習，主動去教別人了，媽媽當然答應了。她用肯定的

目光望向祺祺，點了點頭說：「那我們現在開始吧。」

「媽媽，您先示範一下。」祺祺還是顯得自信不足。

「好的，我先說，你聽好了。」媽媽笑了笑說：「你有沒有發現，我們在之前評量畫的圖時，都是從內容和形式兩個方面來評論的，並且內容裡面又分為數量和品質兩個方面？」

祺祺點點頭。

媽媽繼續說：「那麼，我們學習的這些圖示也都可以從內容和形式兩個方面來評量，橋形圖也不例外。我們先看碩碩這張，因為它形式上存在很大的問題，所以我們先說它的形式，你覺得問題出在哪兒？」

「他畫得不對。橫線條上面和下面都應該有文字，並且它們之間應該有明確的關係。碩碩在橫線下面沒有寫字，而是錯誤地寫到了下面一行的橫線上。」

「好，這說明碩碩繪製的圖示不正確。那麼你覺得美觀度呢？」

「塗黑的地方不太好看，但感覺他還想儘量畫得好看些。」

「沒錯，他是想儘量畫得好一些，但因為這兩處的塗畫，還是不夠美觀，以後遇到寫錯的情況，我們可以直接畫一條斜線，然後在上面寫上正確的內容。剛才說的是繪製的正確性和美觀度，在形式上我們還需要看文字的大小是不是適當，字跡是不是工整。」

「字體大小還不錯，也很工整。」祺祺說。

「非常好！」媽媽肯定地說：「剛才評論的是形式，接下來我們看看內容上怎麼樣。我們先說內容方面的數量，就是盡可能的多，越多說明思維能力越強。你看碩碩這一幅，其實他寫了四個，說明他在這方面也還滿不錯的。」

看到祺祺點頭，媽媽接著說：「我們再來看一下內容方面的品質，上下兩個事物之間要有明確的關係。你覺得碩碩這張，上下事物的關係是什麼？」

「華盛頓是美國的首都，B是A的首都。後面的也都符合，它們的關係非常明確，說明這一項沒有問題。」祺祺說。

　　「分析得非常好。」媽媽表揚地說。「在品質的檢查方面，第二個點就是類比出的組合有新意，符合科學常識。那麼碩碩的這張是符合常識。而新意這一項，因為我們是初學者，可以不必強求。」

　　「什麼叫新意，您能舉個例子嗎？」不知從什麼時候開始，祺祺學會了主動提問。

　　「你看果果這張，B是A的天敵。假如現在整個國家的老鼠特別多，已經成為一種災害，那麼果果這張類比出老鼠的天敵是貓，就是有價值的、有新意的，因為它能幫助我們解決問題。」

　　見祺祺似懂非懂，媽媽安慰他：「因為我們是初學者，隨著我們使用得越來越多，理解得越來越透澈，漸漸地就會產生出新意。現在，你知道如何去評量一幅橋形圖了吧？」

　　「我知道了，從內容和形式兩個方面，內容又分為數量和品質……」

　　看著祺祺說得頭頭是道，媽媽知道祺祺掌握了如何評量橋形圖。

　　後來，祺祺自豪地告訴媽媽，現在碩碩和果果可崇拜他了。

本章小結

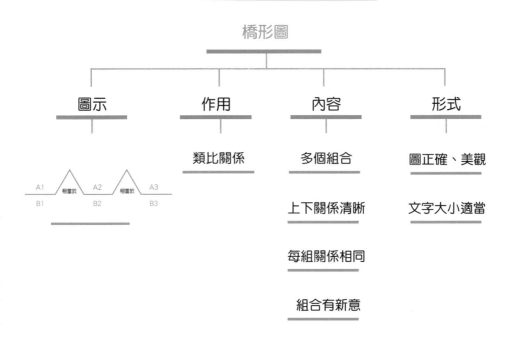

知識點回顧

1.橋形圖的繪製口訣是什麼？

一根_____平地躺，上下關係要_____；

橫線後面跟_____，橋下藏著_____；

橋後仍然是_____，線上線下關係同_____。

2.將橋形圖的評價標準填寫在下面的圖中。

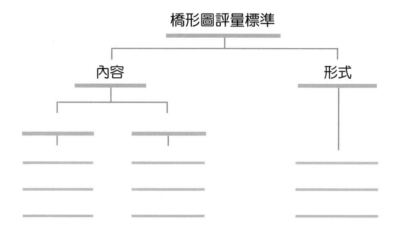

3.按照橋形圖的評量標準，用自己的話評論一下這幾張圖。

從語文書中，找出多個事物的本體和喻體，用橋形圖繪製出來。

每一個具體的事物都屬於一個大類別，看看你能寫出多少個事物及其所屬的類別。

任務挑戰

用橋形圖整理文學常識，寫出你知道的古詩及其作者，看看你能寫多少。

你周圍的事物都有功能嗎？用橋形圖畫一畫，看看你能畫出多少。

類比綜合練習

還記得我們剛學阿拉伯數字的時候，老師或家長是怎麼教我們的嗎？

1像鉛筆細又長；2像小鴨水上漂；3像耳朵聽聲音；4像紅旗迎風飄；5像秤鉤秤東西；6像豆芽咧嘴笑；7像鐮刀割青草；8像葫蘆能做瓢；9像勺子能吃飯；10像雞蛋加油條。

現在，根據這個順口溜，看看你能畫出幾幅不同的橋形圖。

基礎篇

第五部

綜合練習

第五部
綜合練習

　　寒假過得真快，再過幾天就要開學了。

　　媽媽對祺祺說：「思考小達人，你還記得過去一年學過的八種思維圖嗎？」

　　祺祺點點頭說：「圓圈圖、氣泡圖、雙氣泡圖、樹狀圖、括弧圖、流程圖、複流程圖、橋形圖。」

　　媽媽摸了摸祺祺的頭，肯定地說：「很棒，那我現在考考你。」她說著遞給了祺祺幾張白紙，竟然是要求祺祺以「我」為主題，畫出所有的圖示。

　　媽媽解釋說：「圓圈圖就是以『我』為中心進行聯想；氣泡圖就是對『我』的描寫；雙氣泡圖可以側重對比『我』學習八個圖示前後的變化；樹狀圖是對『我』的性格、特徵、脾氣等進行分類；括弧圖是對『我』的身體進行拆分；流程圖是描述學習八個思維圖的流程；複流程圖的中心主題是『我學八大思維圖』，分析『我』學習的原因是什麼，又會產生什麼樣的結果；橋形圖就是『我』與八個思維圖的關係，相當

於誰跟什麼的關係。」

祺祺正要去做，沒想到媽媽又拿出了一張圖說：「在動筆之前，你先和我說說這張圖畫得怎麼樣。你一個圖一個圖接著說，我在旁邊聽。」

「媽媽，我可以用評量表嗎？」

「試著說說看，媽媽想聽你說。」用說的難度更大，而且能鍛鍊祺祺的表達能力，媽媽就堅持要聽祺祺說。

「好吧，媽媽愛聽，我就用說的。」於是，他拿起畫著八個圖示的紙，開始評論。「第一個圖，以『我』為主題進行聯想，畫圓圈圖。這個小朋友聯想到了爸媽、小孩、玩、學、生活、天天開心、小等，超過了六個，並且有聯想到自己年紀特點的、有心情的、有相關人的，這些都是不同的角度，所以這張圖很好。」

「第二個圖，以『我』為主題進行描寫，畫氣泡圖。這個小朋友寫到了愛爬高、寫字不好看、愛老師、中等個子、畫畫好、數學好、愛看書、識字好等。中等個子是外貌，愛爬高、愛看書是愛好，畫畫好、數

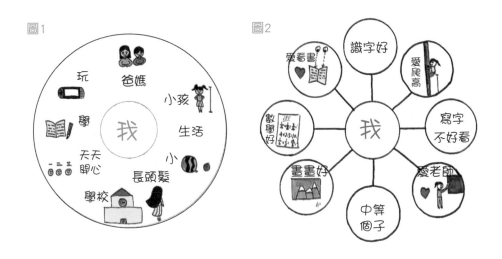

圖1　　　　　　　　　　圖2

學好、識字好是特長，寫字不好看是缺點，愛老師算什麼呢？」

「氣泡圖，主要是描寫中心主題『我』的，一般用形容詞或形容詞短語來描寫我的性格、脾氣、外貌特徵，愛老師不能算我的一個特點，所以可以去掉？」

「那就去掉吧，剩下的詞，基本符合多角度的要求。」

「第三個圖，對比『我』學習八個思維圖前、後的變化，畫雙氣泡圖。畫時先比較相同點，再比較不同點。這個小朋友相同點寫了三個，不同點寫了五個，數量上符合要求。相同點是用心、可愛、聰明，都沒有問題。不同點分別是之前不瞭解，現在瞭解了；之前方法少，現在方法多；之前是小屁孩，現在是小達人；之前不認識老師，現在和老師很親；這些都符合要求。之前不會思考，現在會思考，使用了不會和會，這是不可以的，可以將會思考修改為學會思考。」

「第四個圖，樹狀圖，對『我』的性格、外貌、愛好等方面進行分類。性格，這個小朋友在這裡寫了可愛、愛生氣、愛發言；外貌，寫了

圖3

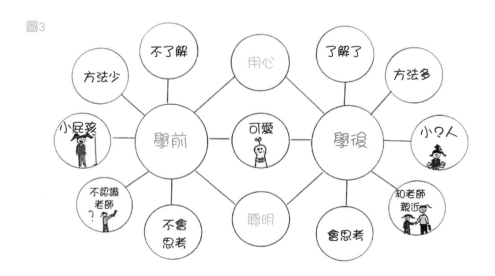

長頭髮、小眼睛、小耳朵、中嘴巴；愛好，寫了畫畫、唱歌、彈吉他、學數學。所以從品質上看，沒有問題。她的字跡還算工整，形式上也沒有問題。」

媽媽打斷他問：「一般描寫性格的詞有哪些呢？」

祺祺看著那張圖說：「這裡寫的是可愛、愛生氣和愛發言。」

「你覺得它們是描寫性格的詞嗎？」

「好像不是。」祺祺有些不肯定。

「一個人的性格一般是從他做的事情上體現的，比如，媽媽的溫柔、賢慧，爸爸的正直、憨厚，這些是描寫性格的詞。」媽媽笑著說。

「可愛、愛生氣和愛發言，這三個詞不全是性格，可愛是，愛生氣可以算是，愛發言就不是了。愛發言應該算是一個特點，不是性格。媽媽，對嗎？」祺祺猶豫著問。

「分析得非常好。這裡把愛發言去掉就可以了。你繼續說。」

「第五個圖是括弧圖，是對『我』進行拆分，這個小朋友把『我』

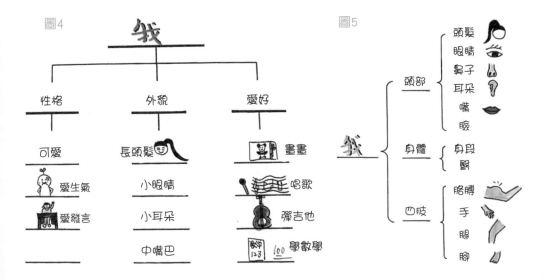

207

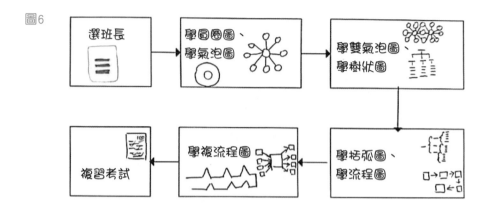

圖6

分成頭部、身體、四肢三個部分，頭部分為眼睛、頭髮、鼻子、耳朵、嘴、臉，這樣可以；身體分為身段和臀，四肢分為胳膊、手、腿和腳，這也是對的。」

「第六個圖是流程圖，『我』學習八個思維圖的流程。開始是選班長，後來陸續學了圓圈圖、氣泡圖、雙氣泡圖、樹狀圖、括弧圖、流程圖、複流程圖、橋形圖，最後是複習考試，她寫的步驟也是正確的。」

「第七個圖是複流程圖，『我』學習八個思維圖的原因和結果。學習的原因是想學、需要用、好玩、可認識新朋友；學的結果是聰明、媽媽誇我、很開心、會的多。從這可以看出這個小朋非常喜歡學習這些，畫的複流程圖也非常好。」

「第八個圖是橋形圖，『我』和八大思維圖示的關係，相當於媽媽和手機、爸爸和上班、妹妹和練字、同學和國數英、爺爺和散步、奶奶和眼鏡、老師和鍋包肉。數量和品質都非常好。」祺祺停止了分析，望向媽媽。

媽媽問：「在這個橋形圖中，A和B的關係是什麼？」

圖7

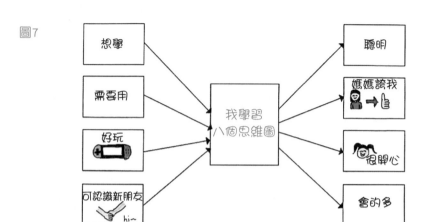

祺祺思考了一下，說：「A喜歡B。」

媽媽點了點頭說：「在分析每一個圖時，我們都按照評量的步驟來，分為內容和形式，內容再分為數量和品質，這樣的話，就會分析得更加全面了。不過整體上，你分析得很好，重點全部掌握住了。」

媽媽感覺到祺祺已經將重點都掌握得差不多了，這才放心地讓祺祺去畫。祺祺的表現沒有讓媽媽失望，一個半小時後，祺祺交了一份非常完美的答卷。

圖8

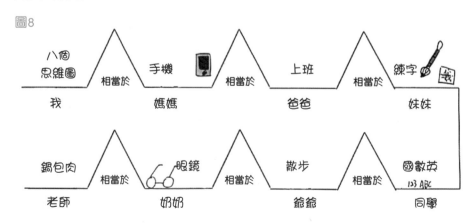

（本節配圖：張易洋、程易菲）

闖關遊戲，看看你掌握了多少

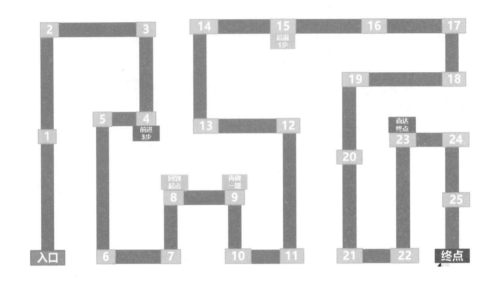

遊戲規則

【材料】 6張小紙條，上面分別寫上數字1～6。

【規則】 從6張小紙條中抽取一張，數字是幾號，就回答第幾道題目。

　　　　 如果答錯，就需要回到相應的知識點重新學習。

　　　　 答對了，就繼續在6張小紙條中抽取，抽出的號碼加上剛才的

　　　　 數字，並回答相應的題目。

　　　　 以此類推，直到闖關完成。

注：每一輪的25道題目可以根據需要進行選擇並編號。

遊戲題目

第一輪	第二輪	第三輪	題目
			什麼是聯想
			畫圓圈圖的口訣是什麼
			圓圈圖什麼時候用
			畫圓圈圖時，聯想的數量要求____個以上；聯想的詞是____角度、與中心主題直接相關；在形式上，要求____編號，____畫線，均勻分布
			氣泡圖的用途是什麼
			氣泡圖的繪製步驟是
			繪製氣泡圖需要注意詞必須是____，角度____
			繪製氣泡圖時，數量要求____個以上
			雙氣泡圖的用途是什麼
			想學好雙氣泡圖，我們平時應該怎麼做
			雙氣泡圖可以在什麼情況下使用
			雙氣泡圖的對比點要____個以上，對比點的角度要____不同點需要一一____，避免使用____與____類表述對比後要得出有意義的____
			學好樹狀圖的關鍵是學會____
			畫複流程圖時要注意，分析的原因和結果最少____個以上，要從____個角度分析，在分析後能得出新的____和結論

第一輪	第二輪	第三輪	題目
			分析的原因和結果要＿＿＿對應
			在繪製的時候要注意，箭頭不能畫反了
			橋形圖在＿＿＿的時候用，上下兩個事物間的關係一定要＿＿＿，每組事物間的關係要＿＿＿
			妹妹分不清小雞和小鴨，我用＿＿＿圖示來幫助她
			妹妹想問題時腦袋總卡住，我用＿＿＿圖示幫助她，並且教她聯想的方法有＿＿＿、＿＿＿等
			我想向好朋友介紹我的寵物，我可以用＿＿＿圖示畫給她看
			小紅的書包裡亂糟糟，我可以用＿＿＿圖示幫助她
			學折千紙鶴太難了，我可以用＿＿＿圖示來降低學習的難度
			妹妹不會洗襪子，我想教她，可以用＿＿＿圖示
			碰到一件難處理的事情，我可以用＿＿＿來分析原因和結果
			遇到一個很難理解的概念，我可以用＿＿＿圖示幫助同學理解
			八種思維圖分別是什麼

基礎篇總結

　　經過近一年潛移默化的影響，在八個思維圖的教學過程中，媽媽和孩子分別都有了一些自己的收穫和感悟，讓我們一起寫出來吧！

媽媽的收穫和感想：

孩子的收穫和感想：

應用篇

第六部
在生活中的應用

思維的訓練必須先生活化,然後學業化,

這樣能保證孩子在毫無壓力的情況下輕鬆地掌握基本方法和原理,

並運用到學科的學習中,做到融會貫通;

也能夠使孩子獲得運用的樂趣,從而更加喜歡用,用得更好,

提高學習成績也就是水到渠成的事情。

讀繪本時怎麼做

　　陪孩子讀繪本是很多家長的必修課。在晚上或者睡覺前，家長會讀繪本給學齡前的孩子聽。等孩子上了一、二年級後，漸漸地就讓他們自己閱讀。

　　在閱讀的過程中，我們會發現有些繪本或其中的某個段落，孩子會要求我們讀很多次；孩子的情緒會跟著繪本中的故事情節發生變化；孩子對繪本中發生的故事情節或人物會有自己的看法……

　　在陪伴孩子閱讀的美妙時光裡，我們一定要應用這八個思維圖，它們能讓孩子更深入理解繪本及作者要表達的內涵，能讓孩子有更多的收穫。

在祺祺很小的時候，媽媽就開始給祺祺讀繪本。

一個週末，祺祺又坐在書架前讀他最喜歡的《我爸爸》。媽媽走過來坐到祺祺旁邊說：「兒子，這本繪本是不是特別有趣？」

「是啊，我超級喜歡。」一見媽媽對自己喜歡的書感興趣，祺祺眉飛色舞地沖著媽媽說。

「那麼媽媽又要考考你啦，看看這本書可以畫出八個思維圖中的哪幾種？你先想想看，並畫一下，媽媽去做你最愛吃的可樂雞翅。」

媽媽看著祺祺畫的三張圖，先誇獎了一番，然後和祺祺一起逐一進行了討論。最後，媽媽說：「你再看一遍繪本，看看能不能再畫出一些不同的圖來。」

祺祺把書本又翻看了幾遍，突然，他眼睛一亮，說「有了」，就立刻動起筆來。很快，一張橋形圖出現在媽媽的面前。

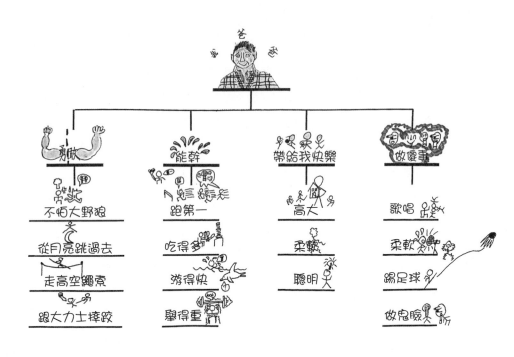

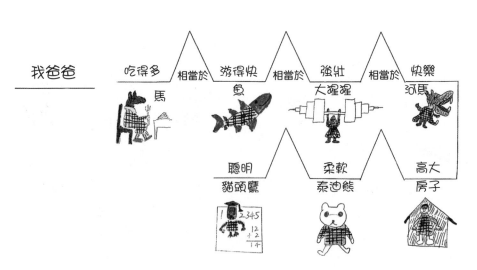

媽媽驚喜地給祺祺按了個大大的讚，說：「我都沒有想到用橋形圖呢，兒子，你真是太棒啦！我們除了將繪本的資訊繪製成圖，繪本本身的資訊也可以繪製成圖，如作者、發行年代、出版社、表達的主題、適合的物件等。你覺得用什麼圖比較合適？」

「當然是氣泡圖啦！」祺祺愉快地說。

過了一會兒，一張氣泡圖就出現在媽媽的面前。媽媽對祺祺的表現很滿意，祺祺也很開心。

（本節配圖：王錦浩）

親子一起動動腦

對於年齡比較小的孩子，家長可以陪著孩子一起閱讀，引導孩子思考可以使用哪些思維圖。如果孩子在繪製時有困難，家長可以和孩子一起繪製。在正常情況下，每本繪本都能畫出幾種不同的思維圖。

陪孩子讀繪本，除了內容，封面、封底、色彩等也很重要，最好都能陪孩子畫出相應的思維圖。故事類的繪本可以用流程圖畫出故事的起因、經過和結果；說明類的繪本可以用樹狀圖畫出所討論的核心問題，並且列出與這個問題相關的各方面內容。

你也來試試

　　你是不是讀過很多繪本？從中挑選出你最喜歡的幾本，看看自己能有什麼收穫。先用下面幾本練習看看吧。

1. 《好餓的毛毛蟲》
2. 《我媽媽》
3. 《生氣湯》
4. 《爺爺一定有辦法》
5. 《風到哪裡去》
6. 《鱷魚怕怕・牙醫怕怕》
7. 《巴巴爸爸》
8. 《神奇校車》

如何制訂計畫

每逢週末、節慶假日、寒暑假，作為一個稱職的家長，你是不是為孩子們安排得妥妥當當，以確保他們充實地過好每一天？那麼，在你這樣的努力下，孩子們什麼時候才能學會自己安排時間？

假如你是一個愛指揮別人但自己不做事的掛名家長，是不是希望孩子能掌握一些方法，來高效地安排自己的假日？如何幫助孩子學會安排自己的時間，更加充實地生活？這是每一位家長都會苦惱的問題。

情景導入

一個週末的早上，媽媽對剛起床的祺祺說：「兒子，今天你計畫要怎麼過呢？畫一張流程圖吧」

這對祺祺來說沒有絲毫的難度，不一會兒，他就畫好了。

媽媽一看，立即說：「從這張圖中，我能看出你今天需要做的事情，

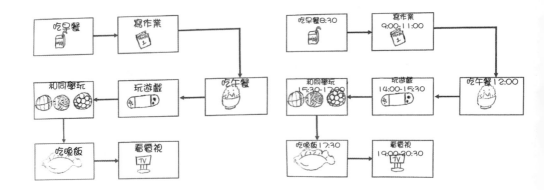

但是看不出來你每件事情需要花多長時間。你現在加上需要的時間，同時思考一下，它們是不是確實需要那麼多時間。」

祺祺很快就加好了時間。

媽媽說：「你平時總覺得自己玩的時間太少，根據這張圖算算看，你學習的時間和玩的時間分別是多少？」

祺祺認真的算了一下說：「寫作業兩小時，玩遊戲和同學玩這些加起來是四個半小時。」

「很好。那麼你發現了嗎？娛樂時間是寫作業的二倍多呢！加上沒有具體安排的三個多小時，你現在還會覺得自己玩的時間太少嗎？」

祺祺沒有說話。媽媽笑著說：「其實我們做自己喜歡的事情時，時間就會過得飛快，你覺得時間短也很正常。現在，你思考幾個問題：一是把可以分解成幾件事情的內容，進行分解，並預估一下時間是否合理；二是除了寫作業和玩耍，你如果還有其他感興趣或想做的事情，也可以加進來；三是注意保護眼睛，用電子產品的時間不能太長。然後重新畫一張流程圖。」

祺祺的八個思維圖都學得很紮實，所以在媽媽的引導下，祺祺很快就進行了調整。

「媽媽，這樣一調整，我突然覺得一天可以多做很多事情呢。」

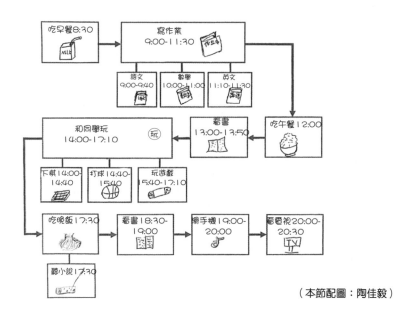

「為什麼有這種感覺呢？」媽媽問。

「因為明確了要玩自己喜歡的下棋和打球，還增加了看書、聽書，寫作業還多安排了半小時呢，但是我玩的時間一點也沒有變少。」祺祺有些興奮。

「是啊，因為你將每件事情的時間安排得更合理了，剛開始你以為寫作業需要兩小時，細分後發現需要兩個半小時。這意味著計畫的可實施性更強了。我有個疑問，為什麼你將寫作業的時間都安排在上午？」

「因為我想寫完全部的作業後再做其他事，這樣就可以毫無顧慮地玩了。」

媽媽聽後，肯定地說：「優先安排自己覺得重要的事情，這種想法很好。每次用流程圖繪製排程時，可以先將自己必須要做的事情列出來，並加上時間，然後把自己想做的事和需花的時間補充進去，同時考慮哪些事情是可以同時做的。這樣的話，這張流程圖的可操作性就會比較強了。」

祺祺點點頭表示明白。媽媽也對祺祺點點頭，表示滿意。

旅遊中
會用到哪些思維圖

　　每逢節慶假日的時候，家長們喜歡帶孩子遊山玩水，參觀各地的著名景點、紀念館、博物館，以開闊孩子的視野。那麼，如何在旅遊的整個過程中幫助孩子學會思考，達到遊玩與學習並進呢？

情景導入

　　在祺祺的成長計畫中，除了每年學習一樣新技能，還有一個必做的項目就是每年去一個城市旅遊。因此有較長的假期時，媽媽都會帶祺祺遊山玩水，參觀名勝景點。今年的旅遊計畫，將和以往有什麼不同呢？

　　媽媽問祺祺：「提到『旅遊』，你會想到什麼？用思維圖畫一下吧。」

　　祺祺畫的圓圈圖裡面有衝浪、創極速光輪、特洛伊木馬、天地雙雄、尖峰時刻等，都是他曾去過的香港迪士尼遊樂園和北京歡樂谷的遊樂設

施；哈爾濱、大連、香港、北京、連雲港、青島、日本等，是他去過的城市和國家；火車、飛機、輪船、汽車等，是他旅遊時乘坐的交通工具；還有一些旅遊時相關的事物和心情。

通過這張圖，媽媽發現了祺祺的興趣，於是問：「兒子，我們今年去哪裡旅遊？」

「迪士尼樂園。」祺祺脫口而出。

「是不是很懷念裡面的創極速光輪？」媽媽想起上次祺祺排隊玩了兩次這個項目。

「是啊，太刺激啦！」祺祺興奮地說。

「那你用思維圖描述一下迪士尼樂園。」

祺祺畫出來的都是迪士尼樂園裡他喜歡的項目。

媽媽皺了皺眉頭說：「兒子，你喜歡的這些都是刺激遊戲。但你不喜歡的，我一個都找不出來。你先對照一下氣泡圖的評量標準，思考一下，要想全面地介紹迪士尼，把它的主要特點都描述出來，應該怎麼修改呢？」

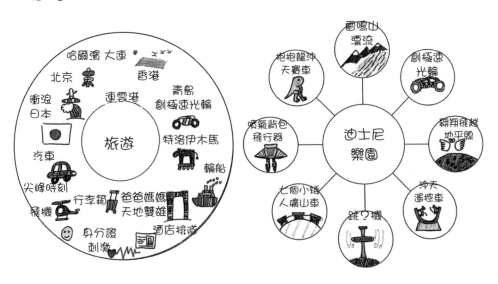

祺祺拍了一下頭說：「我知道了，我知道了。」

很快，祺祺又畫了一張氣泡圖。這一次，除了他喜歡的特色遊樂設施，還增加了迪士尼來自哪個國家、創始人、最有名的卡通人物等，完全符合氣泡圖的評量標準。

媽媽問：「之前我們去過香港迪士尼，後來上海又開了一家，那麼這次我們去香港的迪士尼還是去上海的呢？」

「香港的去過了，上海的沒去過，我們去上海迪士尼吧？」雖然祺祺還沒有進行比較，但在不知不覺中，他已經開始對比了。

「那你傾向於怎麼去，乘飛機還是坐火車？」

通過比較，祺祺最後得出結論：坐火車去。主要原因有幾點：可以在火車上睡一夜就到了，不耽誤時間；火車上的空間比較大，可以來回走動等。

看到祺祺的進步，媽媽高興地說：「那就這麼決定了，我們一起準備旅行。媽媽最近比較忙，你看看需要做哪些事情，然後和媽媽分工。」

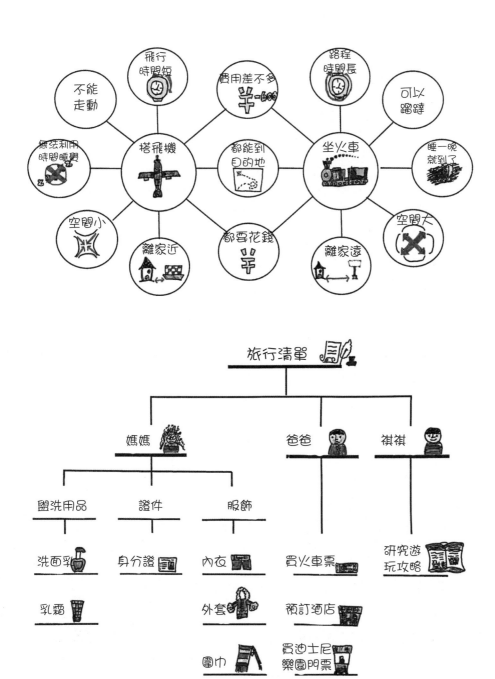

過了一天，祺祺拿來了一張樹狀圖。

媽媽看了之後發出感歎：「哇，我兒子真貼心。」

祺祺在這張圖上竟然也給爸爸分配了任務，就是因為心疼媽媽。每個人的分工合理，唯一有些不足的地方，就是漏了一些比較重要的內容。畢竟祺祺還小，考慮不周全也是情理之中的，總體來說是很棒的規劃。

很快，祺祺和爸爸媽媽一起踏上了愉快的上海之旅。

第一個目標就是迪士尼樂園。從凌晨四點開始排隊，一直玩到下午兩點，媽媽和祺祺都精疲力竭了，只想立刻上床躺平。

為期一周的旅行很快結束了，在回北京的列車上，祺祺將在上海一周的遊玩路線畫成一張流程圖。

媽媽說：「對你來說，流程圖太容易了，畫一畫複流程圖吧，寫一下你選擇上海迪士尼的原因和可能產生的影響或後果。」

對於媽媽來說，最欣慰的莫過於現在祺祺思考起問題能用多角度去分析。因為一年多前，在學習八種思維圖之前，祺祺還是個容易鑽牛角尖的孩子，常常鑽進一個問題走不出來，而現在的祺祺判若兩人。

媽媽還想再考考祺祺，就說：「假如，這次旅遊景點都找出一個特點，會是什麼？」

「旅行中給朋友準備的禮物，找出最喜歡的一個，用括弧圖畫一畫。」媽媽一個接一個地安排著任務，沒想到祺祺並沒有反感，反而很開心的樣子。

對於祺祺的表現，媽媽很滿意，祺祺也充滿了自信。

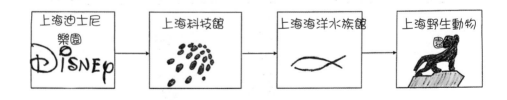

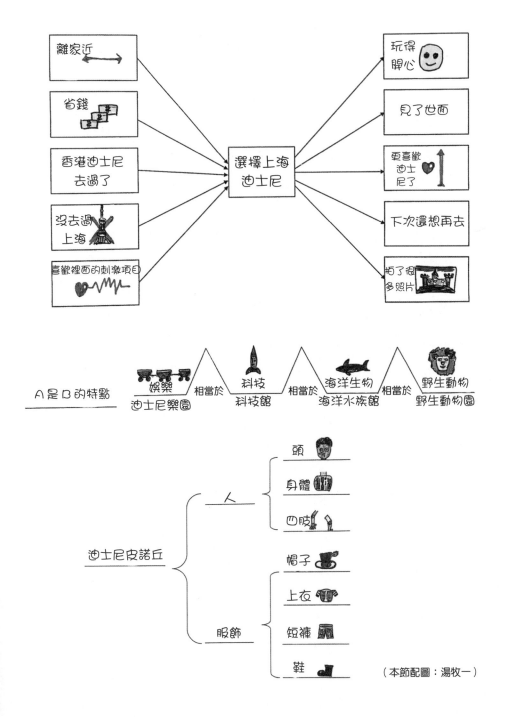

（本節配圖：湯牧一）

你來練練看

練習一

　　每年過生日是孩子最開心的時刻。很多時候，生日過完也就結束了，如何在每年一次的生日中，讓孩子有更多的收穫和感悟呢？以生日為主題，試一試下面的練習。

　　＊提到「生日」你能想到什麼？

　　＊描述一下你想要的「生日蛋糕」有哪些特點？

　　＊對比一下，在家還是去餐廳過生日？

　　＊你一定收到過很多「生日禮物」，試著把它們分類。

　　＊挑選一個你最喜歡的且有多個零件組成的禮物，用括弧圖進行拆分。回憶一下你的生日聚會的流程。

　　＊對於最喜歡的禮物，思考一下，為什麼喜歡它，喜歡它能對自己有什麼幫助？

　　＊用橋形圖來表示生日禮物和材質的關係。

練習二

自從上學後，每年都會有暑假和寒假兩個長假，而祺祺最喜歡的寒假。因為每年寒假，他都會回東北過年。那裡有厚厚的積雪，就是祺祺的樂園。堆雪人、打雪仗，雖然每次都被凍得全身冰涼，但祺祺都玩得不亦樂乎。過年還可以放鞭炮，祺祺很喜歡那啪拉響聲帶來的刺激感，雖然有時手套被炸壞，有時羽絨服被炸壞，但他都玩得興高采烈。因此祺祺非常喜歡這個練習。

＊關於「寒假」，你會想到什麼？

＊你理想中的「寒假」是什麼樣子？

＊這個寒假是在家還是在奶奶家（或其他地方）度過？

＊思考一下，如何將家裡採買的年貨進行分類？

＊找出年貨中有多個部分組成的物品，用括弧圖呈現出來。

＊回憶一下和爸爸媽媽採購年貨的流程。

＊你一定很喜歡過年吧？思考一下，為什麼喜歡？喜歡過年對自己有什麼好處？

＊回憶一下，家裡人各自喜歡哪一種年貨？用橋形圖表示出來。

應用篇

第七部
在語文學習中的應用

在語文學習中,積累詞彙、訓練修辭手法、
練習句子、預習與複習課文、加深對知識的理解等,
都可以用八種思維圖來增強學習的趣味性,提高學習效果。

說明理解，消化吸收課文內容

情景導入

・・・・・・・・・・・・・・・・・・ **場景1** ・・・・・・・・・・・・・・・・・・

祺祺放學到家，媽媽對他說：「前段時間，我們練習了八種思維圖在讀繪本和旅遊中的應用，今天我們嘗試一下，看看怎麼將它應用到語文課程的學習中。」

「好啊。」祺祺愉快地回答。因為在之前的應用中表現不錯，所以一聽媽媽這麼說，他就顯得特別開心。

「今天語文老師有沒有安排預習的內容？是哪一篇？」

祺祺翻開書本說：「今天預習《紙的發明》。」

「好的，你先將課文閱讀一遍。」

媽媽交代祺祺看書的同時，自己上網搜索了一下課文的教學目標和教學重點。

紙的發明教學目標

一、知識與技能目標

1. 學會本文的生字，掌握破音字。

2. 正確、流暢地朗讀課文。

3. 能說出紙的發明經過。

4. 知道紙是怎麼發明的，感受做一個中國人的自豪。

5. 瞭解本文的說明順序以及首尾呼應的寫法。

二、過程與方法目標

1. 通讀課文，借助工具書預習字詞，理解字詞意思。

2. 把握文章大意，釐清紙的發明過程。

三、情感、態度與價值觀目標

瞭解紙是怎麼發明的，感受作為一個中國人的自豪。

教學重點

1. 幫助學生釐清紙的發明過程。

2. 瞭解本文的說明順序及首尾呼應的寫法。

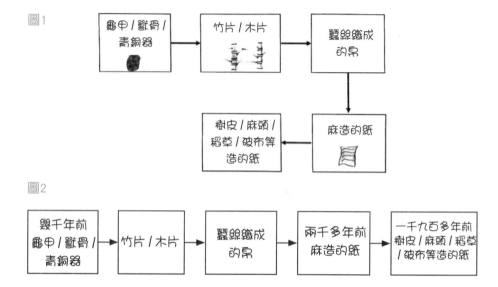

圖1

圖2

對比了一下課後練習，媽媽發現課後練習涉及的內容，就是孩子需要掌握的內容。於是媽媽明白了練習的重點所在。見祺祺已經讀完，媽媽接著說：「祺祺，你想一想每個段落的意思，並且用流程圖畫出記錄方式的演變過程。」

於是，祺祺趴在桌上安靜地畫起來。不一會兒，一幅流程圖就出現在媽媽的面前。（圖1）

「這張流程圖清晰展示了記錄方式的演變過程，非常好。可以將演變的時間增加進去。」

「嗯嗯，加上去會更清晰，謝謝媽媽。」說完，祺祺又開始埋頭畫起來。

看著祺祺繪製的流程圖，媽媽又肯定地表揚了幾句，說：「等明天老師上完課，你選擇一個思維圖來描述蔡倫改進的造紙術的特點。」（圖2）

第二天一放學，祺祺就開心地拿出了一張氣泡圖，還說他得到了老師

的表揚。（圖3）

　　媽媽也很開心，翻開祺祺的語文書，看著課文邊看邊誇讚：「很好，把造紙術的特點描寫得相當完整。」然後，媽媽隨手畫了一張括弧圖說：「這篇文章有三段，是按照時間順序來排列的。這三段之間是並列關係，可以用括弧圖畫出來。」（圖4）

　　媽媽停了一下，繼續說：「你將紙的家族用一個圖示表現出來。」（圖5）

　　見祺祺又輕鬆地完成了分類，媽媽說：「這些已經難不倒你了，現在要加大難度。你思考一下，畫一個思維圖來說明蔡倫的造紙術影響全世界的原因以及可能產生的影響。」（圖6）

　　「你瞭解了我們的祖先充滿智慧，五千年的文化中有四大發明，現在選擇一個思維圖畫一畫。」

　　最後，祺祺又畫了一張中國四大發明的氣泡圖。（圖7）

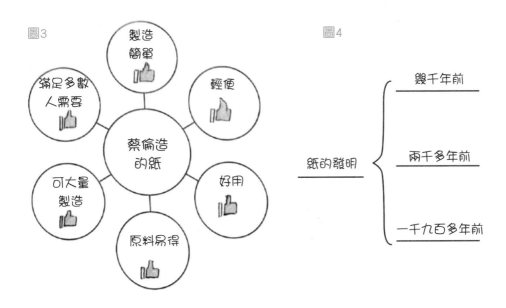

圖3

圖4

圖5

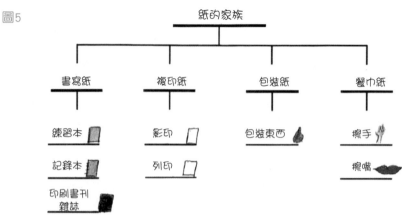

圖6

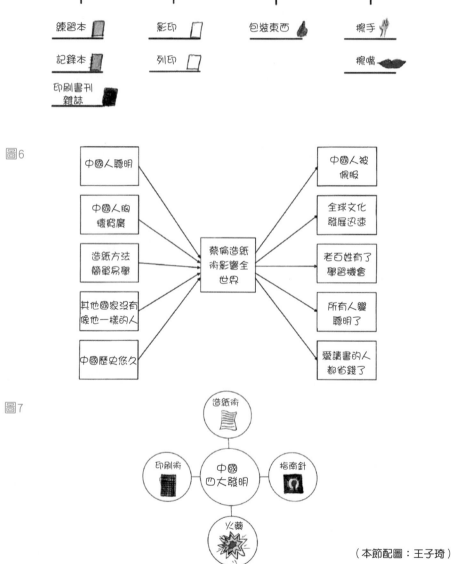

圖7

（本節配圖：王子琦）

上次練習的是說明文，這次媽媽找了一篇記敘文《小蝌蚪找媽媽》，仍然在先上網搜索了課文的教學目標和教學重點，同時對比了課後練習，很快發現使用哪種思維圖和文章類型關係不大，而和教學目標和課文內容有關。於是這一次，媽媽希望引導祺祺根據課後練習獨自進行八種思維圖的應用。

《小蝌蚪找媽媽》教學目標

1. 學習本文生字，能正確讀寫生字和詞語。
2. 能正確流利、有感情地朗讀課文，能通過學習瞭解小蝌蚪在長成青蛙的過程中，身體發生的變化。
3. 增強學生對科學童話的學習興趣。
4. 樹立環保意識，教育學生要保護有益的動物。

教學重點

1. 學習生字詞。
2. 瞭解小蝌蚪在長成青蛙的過程中，身體發生的變化。
3. 指導學生正確流利、有感情地朗讀課文。
4. 指導學生區別「迎上去」、「追上去」和「游過去」的不同，體會語言文字的生動形象和準確性，培養語感。

媽媽對祺祺說：「祺祺，你看一下《小蝌蚪找媽媽》，然後思考一下，將下面的問題用思維圖畫出來，就能幫助你理解課文，並且學到更多的知識。」

聽完媽媽的要求，祺祺說了聲「我明白了」，就低頭畫起來。

1.閱讀全文，將小蝌蚪長成青蛙的過程用流程圖畫出來。

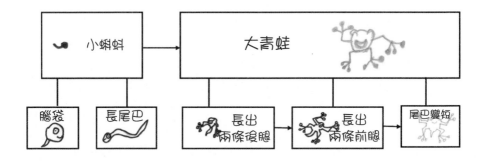

2.再讀課文，想一想小蝌蚪找媽媽的過程及青蛙媽媽的特徵有哪些，用相應的思維圖呈現出來。

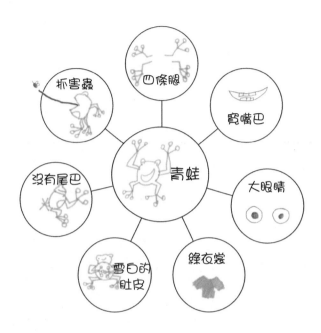

3.以動詞為主題進行聯想，看看能從課文中找出多少動詞。

4.練習詞語分類。

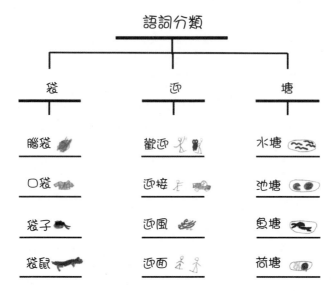

　　從這幾張圖中可以看出，祺祺的八種思維圖學得很紮實。媽媽開心地說：「兒子真是長大啦！這些練習品質很高，顯示出你的學習能力很強哦！」

　　祺祺害羞地笑了。

家長的訣竅

　　課文學習中經常使用的思維圖，其實有一些規律可尋，比如，課文中描寫人或事物特徵的時候，常用氣泡圖；對比兩個人或事物的時候，用雙氣泡圖；分析文章結構用括弧圖；表示一件事情發生的過程或流程時，用流程圖；積累詞彙時，用樹狀圖來分類不同場景、不同類型的詞語；想學習作者使用比喻的修辭手法，可以用橋形圖來表示本體和喻體。

　　對於低年級的孩子，家長可以畫好相應的思維圖，讓孩子直接進行填充。等孩子基本掌握方法後，再讓孩子獨自繪製。

練一練

　　從語文書中找出記敘文、說明文各一篇，選擇合適的思維圖呈現出來。

提升寫作能力

　　小學低年級及以下的孩子，主要的寫作任務是將人或物寫成文字。家長該如何幫助孩子開闊視野並釐清思路，完成作文呢？

　　首先，使用圓圈圖對命題進行聯想，主要目的是：聯想出很多和命題相關的主題，然後挑選出最想寫的主題。

　　其次，根據確定的主題，仍用圓圈圖進行聯想。這次聯想目的是：引導孩子尋找文字的靈感，主要是收集素材。然後引導孩子思考關於本主題，他最關注的點或一般人最不容易關注到的點是什麼。

　　再次，用樹狀圖分類寫作的具體內容。

　　最後，用括弧圖思考寫作的結構，是總分、總分總還是分總。

　　如何評量「作文」寫得好不好呢？其實和寫作一樣，主要有幾個角度。

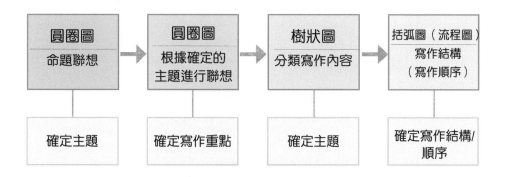

評量角度	具體內容
主題明確	主題積極健康，能表達獨特的感受
結構清晰	段落清晰，條理清楚，詳細簡略適當
語言生動	語言通順，豐富，細緻，生動
沒有錯字、病句和標點錯誤	書寫正確、端正

情境導入

　　一次老師規定的作業是作文「我最喜歡的動物」。起初祺祺想寫家裡的貓咪，但媽媽建議換個小動物，因為不久前他剛寫過關於貓咪的作文。於是祺祺選擇了奶奶家的狗。

　　駕輕就熟，很快，祺祺就完成了以狗為主題的圓圈圖。

　　媽媽說：「我們用樹狀圖來整理一下。圓圈圖中描寫了外貌：顏色棕

色、毛茸茸。品種：柴犬。性格：忠誠。習慣：隨地大小便，頭埋到飯盒裡，搖尾巴。喜好：吃骨頭，玩皮球。相關的成語：雞飛狗跳，狗急跳牆。有六個角度，很棒喔。」

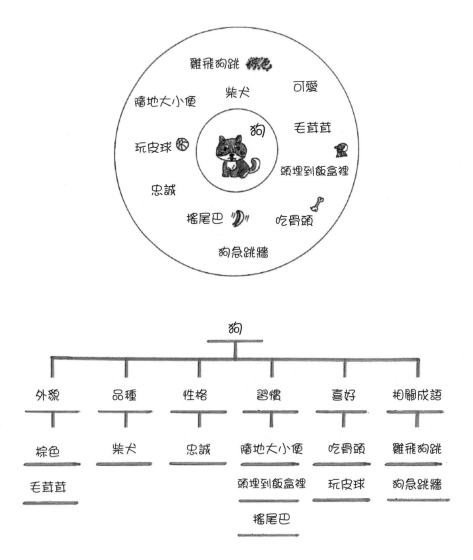

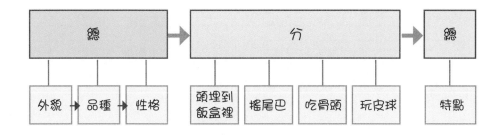

「那麼寫句子的時候，你最想表達狗的哪些特徵呢？「媽媽繼續問。

「當然是可愛啦，我用流程圖列一下寫作的順序吧。」不用媽媽提醒，祺祺學會搶答了。

不一小會兒，祺祺就寫出一遍小短文。

之後，從媽媽的評語中，祺祺知道了自己寫得好的地方和需要調整的地方。

　　我最喜歡的動物是——狗。牠是一隻棕色的柴犬，牠全身毛茸茸的樣子非常可愛。牠每次看見我都會不停地搖尾巴，要我給牠一根骨子。牠吃骨頭的時候會把頭埋到飯盒裡。牠吃完了，我就跟牠一起玩皮球。牠有一個不好的習慣，喜歡隨地大小便。

　　有一次，牠太高興了，就把家裡弄得雞飛狗跳的，害我被媽媽批評了一頓。

　　還有一次，我遛狗的時候，牠看見了一隻大狗，一下子就跳到了我的懷裡，這真是狗急跳牆啊！

　　牠就是我最忠誠的朋友——狗。

（本文配圖：楊培堯）

媽媽評量

	優點	可以改進
主題明確	全篇圍繞狗進行寫話，主題明確	
結構清晰	1.採用了總分總的結構，非常清晰 2.用了三個例子，來說明狗的可愛	在總分總結構中，第一段寫了狗的可愛，那麼下面三個例子，最好寫的都是狗可愛，不好的習慣中沒有呈現出狗可愛之處，可以更換一個例子。 在總分總結構中，首尾是需要呼應的，所以最後一段狗的性格特徵需要調整
語言生動	使用了毛茸茸、搖尾巴、頭埋到飯盒裡、雞飛狗跳、一下子、狗急跳牆等詞語，使短文特別生動有趣	可以適當增加一些修辭手法
錯字、病句、標點錯誤		把「骨頭」錯寫成「骨子」

練習

以「幸福」為主題，繪製一個圓圈圖，並寫一篇150字的小短文。
（範例作者：祁思媛）

幸福

今天我起了床，問奶奶：
「奶奶什麼是幸福？」奶奶想
了一會說：「幸福像愛，像太
陽一樣溫暖。」那一定是家人
給了我愛，朋友給了我愛 所以
我要謝謝你們。

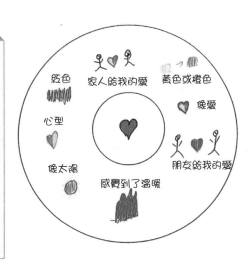

使用圓圈圖練習寫作前的作文　　　　以幸福為主題的圓圈圖

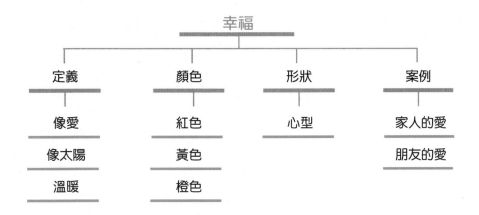

幸福

今天我起了床，吃完了早餐，就問奶奶：「奶奶，什麼是幸福？」奶奶想了一會說：「幸福像愛，像太陽一樣溫暖。」

我又問奶奶：「幸福是什麼顏色？」奶奶說：「幸福的顏色有紅色、黃色或橙色。」

我又問奶奶：「那幸福是什麼形狀？」奶奶說：「幸福是心型的。」我想這些組合在一起就是醒福吧，那一定很溫暖吧！

幸福是家人給我的愛，比如說，疫情期間沒事做，爸爸媽媽知道我要當獸醫的志向，於是就帶著我來到了一家賣狗狗的商場，買了一條有一身雪白雪白毛髮的小狗。我覺得這件事情，爸爸媽媽給我了愛和溫暖。

奶奶說：「還有一種愛。」我想應該是朋友給我的愛吧，比如說，前幾天我做完了手術，大家都來看我，蒴蒴送來了問候，笑笑送來了祝福。她們是我最好的朋友，謝謝你們帶給我了這麼多愛和溫暖。

我好像明白了，幸福是什麼了。幸福是愛和溫暖。我要把愛和溫暖送給身邊的每一個人，讓所有的人感到幸福。

使用圓圈圖練習之後的作文

【練一練】

　　想一想，你都對哪些人或事感興趣？用合適的圖示畫出來，並且用短文寫出來。

幫助學習古詩

小學生處於一生中記憶力最好的年齡段，所以很多孩子背得特別快。但因為他們是死記硬背的，所以經常今天還能背出來的古詩，到明後天就忘了，總記不住，很多孩子背著背著就背哭了。

小學課本中的古詩大都是同一主題的兩首或三首同時出現，可先讓孩子用氣泡圖背誦古詩，然後用雙氣泡圖對比它們的相同點和不同點。關於詩詞的注釋和作者背景，現在用網路很容易就能搜索到資料。

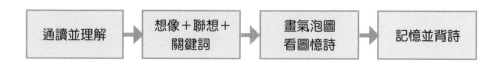

通讀並理解　→　想像＋聯想＋關鍵詞　→　畫氣泡圖看圖憶詩　→　記憶並背詩

　　春節後的新學期第一天放學，祺祺就垂著頭進了家門，媽媽立刻關切地迎上前去。祺祺哭喪著臉說，今天的作業是要求背誦古詩，可是他怎麼也背不熟練。媽媽翻開書本一看，是清代高鼎的《村居》和唐代賀知章的《詠柳》。

　　媽媽說：「我們以《詠柳》為例，你先通讀一遍古詩並理解一下詩詞的意思。」同時，媽媽上網找了《詠柳》的注釋和譯文讓祺祺對照著詩句讀。

　　當祺祺通讀完並將詩句和譯文對照著又看了一遍後，媽媽說：「有一個記憶的萬能公式，叫想像+聯想+找關鍵字。現在我示範一下，將每一句詩都想像成一個畫面，並且將這些畫面串成一個故事。」

　　「我現在開始說，你注意聽。第一句：碧玉妝成一樹高，我想像著有很多、很多綠色的玉，從樹根一直掛到了樹梢。第二句：萬條垂下綠絲絛，想像有上萬條柳條垂下來，像綠色的絲綢一樣柔順。第三句：不知細葉誰裁出，想像腦子裡出現一個大大的問號，有一把剪刀正在裁剪著柳葉。第四句：二月春風似剪刀，想像著風的形狀像剪刀。這樣，就完成了想像。注意到了嗎，每一句詩都想成一個畫面？」媽媽停頓了一下，詢問祺祺：「這一步有疑問嗎？」

　　祺祺搖搖頭。媽媽接著說：「現在我們需要將剛才靜態的畫面串成一個動態的故事。站在河的對面，我看到柳樹的枝幹上，像掛滿了綠色的玉；我不自覺地向樹走去，發現上萬條柳條垂下來，在微風中飄動，仿佛絲綢一般。我快步地走到樹下，發現柳葉又細又長，非常好看，就想著，是誰像理髮師的手一樣這麼靈巧呢？又一想，肯定是二月的春風啊！剛才我描述的，就是一個動態的畫面，叫聯想。接下來，我們把這首詩中的關鍵字圈起來。」

《詠柳》(唐) 賀知章

碧玉妝成一樹高，萬條垂下綠絲絛。

不知細葉誰裁出，二月春風似剪刀。

【詩詞注釋】

1.碧玉：碧綠色的玉。這裡用來比喻春天嫩綠的柳葉。

2.妝：裝飾，打扮。

3.一樹：整顆樹。一代表滿、全。在中國古典詩詞和文章中，數量詞在使用中並不一定表示確切的數量。下一句的「萬」，就是表示很多的意思。

4.絛：用絲編成的繩帶。這裡指像絲帶一樣的柳條。

5.裁：裁剪。

6.似：如同，好像。

【詩句譯文】

高高的柳樹長滿了翠綠的新葉，輕柔的柳枝垂下來，就像萬條輕輕飄動的綠色絲帶。

是誰的巧手裁剪出了這細細的嫩葉呢？原來是那二月裡溫暖的春風，它就像一把靈巧的剪刀。

媽媽翻著課文，說：「關鍵字一般是名詞，你知道什麼是名詞嗎？」

「就是我們能看到的事物的名字。」

「沒錯，就是具體事物的名稱。」媽媽繼續問：「這首詩裡，你可以找到哪些名詞？我們一句一句來找。」

「玉、樹、絲絛、葉、誰、二月、春風、剪刀。」

「非常好，這些都是名詞。接下來我們再找一下動詞，動詞就是表示動作的詞。」

「妝、垂、知、裁。」

「圈名詞和動詞的時候，也可以同時將它們前面的形容詞或副詞圈出來，這樣繪製邏輯圖就會更形象生動了。」

最後圈出來的詞有：碧玉、妝成、一樹高；萬條、垂下、綠絲絛；不知、細葉、誰裁；二月、春風、剪刀。

「這樣幾乎把整首詩都圈起來了？」

「因為這首詩比較短，所以基本上都圈了。如果詩詞很長，就不會出現這種情況。因為媽媽現在教給你的是一種方法，而且神奇的是，這個方法同樣適用於背課文和古文。學會這個方法後，你就再也不用因為背誦而苦惱啦！」

「太好啦！」祺祺有些興奮。

「那我們繼續。」媽媽笑著說：「接下來，我們要用氣泡圖，將剛才圈出來的詞用圖像填進去。」媽媽邊畫邊說：「我們選擇一個點畫出第一句的第一個詞，然後順時針畫完所有的詞。」

很快，媽媽畫好了圖，對祺祺說：「你現在看著這張圓圈圖，看看能不能複述出這首詩來。」

祺祺飛快且非常正確地複述了一遍後，臉上露出了不可思議的神情。

沒想到媽媽說：「雖然現在已經能夠複述，但不能保證能長時間記住而不會忘掉。現在我們來進行這個神奇記憶法的最後一步。」

媽媽把兩隻手的拇指和食指搭在一起，成為一個長方形的形狀，移到了左眼前，然後

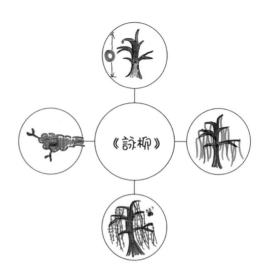

對著剛才繪製的氣泡圖，嘴裡發出「咔嚓」聲後說：「接著我們繼續盯著氣泡圖看十秒。」

十秒鐘後，媽媽把氣泡圖合上，說：「閉上眼睛，讓腦海裡浮現出剛才的氣泡圖，同時將古詩複述出來。」

祺祺照著做了，背誦得特別順暢，不禁露出了開心的笑容。

媽媽強調說：「最後複述的時候，腦海裡浮現的一定得是氣泡圖，這樣才能記得更久、更牢固。」

接著，祺祺用同樣的方法，很快就熟練背誦出了另一首詩。

《村居》（清）
高鼎草長鶯飛二月天，拂堤楊柳醉春煙。
兒童散學歸來早，忙趁東風放紙鳶。

沒想到媽媽說：「熟練背誦古詩，這是最低標準，沒什麼值得驕傲的。能將詩的作者和寫作背景，以及同一主題不同詩詞間的異同點都區分

開，才算達標。「接著，讓你親愛的老媽示範給你看，我們先用雙氣泡圖對比這兩首詩的相同點和不同點。」

媽媽邊畫雙氣泡圖邊問：「雙氣泡圖是先說相同點，還是不同點？我有些記不清了。」

「相同點。」

「好的。」媽媽邊畫邊說：「相同點：春天、柳條、景色美，作者都是杭州人和漢人。不同點：作者和朝代不同；一個單純寫景，一個有景有物；前者是詩人，後者是詩人和書法家。」

媽媽畫完雙氣泡圖，說：「我比較完兩首詩，現在輪到你了。你用氣泡圖分別描述一下兩個作者吧。」

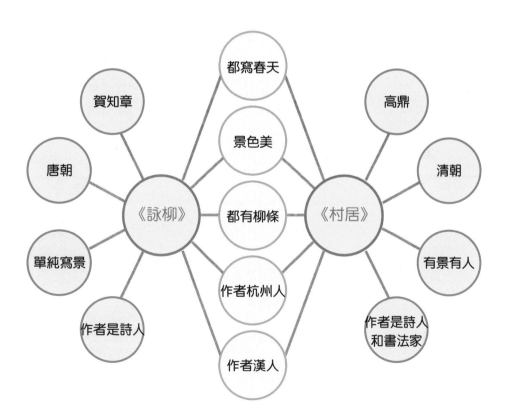

學習能力很強的祺祺照葫蘆畫瓢,借助無所不知的網路,很快找出了兩個作者的介紹,完成了兩個氣泡圖。

媽媽對比著評量標準中的數量、角度等要求,邊看邊點頭,露出了滿意的笑容,最後媽媽仍然不忘說:「明天,你可以將用思維圖背古詩的方法教給好朋友,讓他們和你一樣,輕輕鬆鬆背古詩。」

祺祺自信地點點頭。

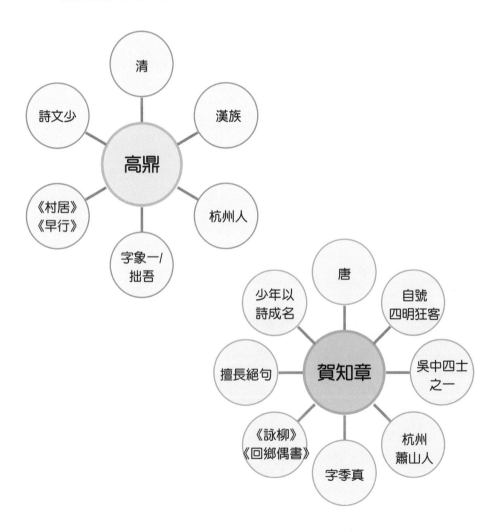

【練一練】

　　找出課本中需要背誦的古詩，用氣泡圖記憶詩詞和作者，用雙氣泡圖對比異同點。

八種思維圖學習後練習

看到太陽能想到什麼？（圓圈圖）

請描寫一個寵物或玩具（氣泡圖）

請比較2個相像的事物（雙氣泡圖）

為家裡的垃圾分類（樹狀圖）

你最喜歡的玩具，可以拆分成幾部分？（括弧圖）

洗手可以分為幾個步驟？（流程圖）

你覺得自己喜歡玩手機的原因是什麼？可能有哪些結果？（複流程圖）

嘗試舉一個例子（橋形圖）

結尾

　　一天，媽媽和祺祺單獨在一起，媽媽說：「祺祺，到現在為止，你已經學完了八種思維圖，並且掌握了在生活和語文學習中使用的方法。你有沒有感覺到自己有什麼變化？」

　　「我覺得以前自己在班上是一個透明人，但是現在碩碩和果果他們開始崇拜我了。」

　　「那是因為你掌握了他們不會的思維絕技，有了比他們強的地方。你感覺自己有什麼變化嗎？」

　　「我的成績比以前好了，好像也更愛動腦筋了。媽媽，您說對不對？」

　　「哈哈，分析得很好，你確實比以前會思考啦。」媽媽表示肯定，說：「你知道嗎，這是你學會方法後不斷應用的結果。這八個思維圖是思考的工具，但它只是眾多思考工具中的一種。等你再長大一些，媽媽再教你其他思考工具，到時候，你會變得比現在更棒。」

　　「是嗎？媽媽，我好期待，希望自己儘快變得更加厲害。」祺祺期待地說。

　　「會的，肯定會的。」媽媽望著祺祺，非常肯定地說。

　　母子倆相視而笑，似乎看到了未來。

致謝

我經常會跟別人炫耀：在我成長的道路上，沒遇到什麼挖坑的人，遇到的多是貴人，他們都那麼無私地幫助我，指引我不斷前行。因此，我一直心存僥倖並心懷感恩！

在本書的撰寫過程中，我得到了許多人的幫助。感謝為本書配圖的學員們，他們是楊欣欣和楊培堯姐弟、張易洋和程易菲姐妹、白文博、楊瀚鈺、陶佳毅、閆鑫碩、王子琦、湯牧一、董鏵鍇、王錦浩、趙澤瀛、祁思媛、郭炳瑩、趙澤銘、李明鏗、許紫涵、趙翌淳、劉夢霖、黃奕愷、鄭云尹等同學；感謝給予我支持和鼓勵，或閱讀初稿後為我提出寶貴建議的摯友們，他們是沈力、韓曉麗、孫旭光、何俊、全董錫、程乾、李豔霞、鄭苗苗、張云山、翁尤穎、陰亮；感謝赫行教育集團的信任，讓我的理論能在課程中得到應用，幫助更多的孩子思維成長。

還要特別感謝本書的編輯楊雯老師，與我一起關注進度、反覆修改細節；感謝我的家人們，讓我心無旁騖地創作，成功地將這本書帶到你的面前。

最後，感謝本書的讀者——那個信任我，並願意按照我的方法踐行的你。期待通過不斷的實踐，在不久的將來，你真正成為照亮孩子思維成長道路上的那束光，一路伴隨孩子成長！

線上回函卡

國家圖書館出版品預行編目(CIP)資料

八種思維圖提升孩子的思考力：有效開發孩子的全腦學習與閱
讀素養/孫易新, 沈紅亮著. -- 初版. -- 臺北市：商周出版：
英屬蓋曼群島商家庭傳媒股份有限公司城邦分公司發行，
2022.03
　　面；　公分
ISBN 978-626-318-220-2(平裝)

1.CST: 思考 2.CST: 健腦法 3.CST: 學習方法

176.4　　　　　　　　　　　　　　　　　　　　111003523

八種思維圖提升孩子的思考力
有效開發孩子的全腦學習與閱讀素養

作　　　　者／孫易新、沈紅亮
企 畫 選 書／彭子宸
責 任 編 輯／彭子宸

版　　　　權／黃淑敏、吳亭儀
行 銷 業 務／周佑潔、黃崇華、張媖茜
總　編　輯／黃靖卉
總　經　理／彭之琬
事業群總經理／黃淑貞
發　行　人／何飛鵬
法 律 顧 問／元禾法律事務所 王子文律師
出　　　　版／商周出版
　　　　　　　台北市104民生東路二段141號9樓
　　　　　　　電話：(02) 25007008　傳真：(02)25007759
　　　　　　　E-mail:bwp.service@cite.com.tw
發　　　行／英屬蓋曼群島商家庭傳媒股份有限公司城邦分公司
　　　　　　　台北市中山區民生東路二段141號2樓
　　　　　　　書虫客服服務專線：02-25007718；25007719
　　　　　　　服務時間：週一至週五上午09:30-12:00；下午13:30-17:00
　　　　　　　24小時傳真專線：02-25001990；25001991
　　　　　　　劃撥帳號：19863813；戶名：書虫股份有限公司
　　　　　　　讀者服務信箱E-mail：service@readingclub.com.tw
　　　　　　　城邦讀書花園：www.cite.com.tw
香港發行所／城邦（香港）出版集團有限公司
　　　　　　　香港灣仔駱克道 193 號東超商業中心 1F　E-mail：hkcite@biznetvigator.com
　　　　　　　電話：(852) 25086231　傳真：(852) 25789337
馬新發行所／城邦（馬新）出版集團【Cite (M) Sdn Bhd】
　　　　　　　41, Jalan Radin Anum, Bandar Baru Sri Petaling,
　　　　　　　57000 Kuala Lumpur, Malaysia.
　　　　　　　電話：(603) 90578822　傳真：(603) 90576622　Email: cite@cite.com.my

封 面 設 計／李東記
排 版 設 計／洪菁穗
印　　　刷／韋懋印刷事業有限公司
經　銷　商／聯合發行股份有限公司
　　　　　　　地址：新北市231新店區寶橋路235巷6弄6號2樓
　　　　　　　電話：(02)2917-8022 傳真：(02)2911-0053

■2022年3月31日初版一刷
ISBN 978-626-318-220-2　　eISBN9786263182233（EPUB）　　　　Printed in Taiwan
定價480元